はじめに

JN114297

　近年のビジネスは、今更言うまでもなくソリューションビジネス化していると言われています。特にB to B（対法人）型のビジネスモデルでは、単なる「モノ売り」では顧客は満足するはずもなく、また当然競争優位も生まれません。本質的な企業のニーズを的確にとらえ、それを解決するソリューションを提供することが求められる時代です。

　しかし、皆さんのビジネスでは現実に最適なソリューション提案を実施できているでしょうか？ソリューション化しなければならないと頭ではわかっていても、そこには様々なハードルがあります。まず第一歩として、本質的な顧客企業のニーズをとらえることは難しいものです。顧客が欲しているモノやソリューションはたくさんあります。しかし、ここでは本質ニーズを見極めなければなりません。このニーズの概念は意外と奥深く、難しいものです。

　また、ソリューション提案と言っても、現実は自社のソリューションや商材ありきの提案になっていませんか？もちろん自社の売上げや利益を追求するのは企業の使命です。故に自社ソリューションを売らねばならないのですが、そこには顧客

に最大の満足を提供することが必ず求められているはずです。あくまで顧客にとって重要な課題を解決することを通じて自社の成果を追求しなければ持続的に成長することはできないでしょう。

　こういった観点を考えると、ソリューション提案とは難しいものです。そこで、本書ではソリューション提案のために、顧客ニーズの把握からソリューションの設計、提案書の作成方法までを含め、一連の流れを5つのステップに分けて解説してまいります。できるだけ実践的なスキルとしてHowを示していますが、最後は皆さんご自身の業界、取扱商品、業務内容に応じてカスタマイズして適用することが求められます。是非ご自身のケースを想定して読み進めてください。

　そして、その結果が皆さんにとって何らかの学び、そして最終的には皆さんのビジネスの成果につながることをお祈り申し上げます。

株式会社シナプス
代表取締役　家弓正彦

目次

第1章　法人顧客におけるニーズとは何か

1. ニーズの概念 ………………………………………………… 2
2. BtoB ビジネスにおける顧客の本質ニーズ …………… 11

第2章　ソリューション提案のアプローチ

1. ニーズとソリューションの関係 ……………………… 18
2. ソリューション提案のための仮説－検証型アプローチ … 20
3. ソリューション提案の基本5ステップ ……………… 21

第3章　STEP1. メインニーズ仮説構築

1. メインニーズを特定する二つのアプローチ ………… 26
2. Bottom-Up アプローチ ………………………………… 27
3. Top-Down アプローチ ………………………………… 30
4. メインニーズのレイヤー調整 ………………………… 41
5. オプション思考 ………………………………………… 49

第4章　STEP2. AsIs-ToBe 分析

1. AsIs 分析 ………………………………………………… 56
2. ToBe 分析 ……………………………………………… 71
3. 解決課題の特定 ………………………………………… 76

第5章　STEP3. ソリューション仮説構築

1. ソリューションとは何か？ ………………………………… 82

2. ソリューション事例　ホギメディカル …………………… 86

3. ソリューション検討時の留意点 ………………………… 91

4. 勝てるソリューションを考える ………………………… 98

5. 目標KPIの設定 …………………………………………… 101

第6章　STEP4. 仮説検証ヒアリング

1. ニーズ検証の論点 ……………………………………… 105

2. ソリューション仮説検証の論点 ………………………… 108

3. ヒアリングの準備 ………………………………………… 110

4. ヒアリング計画を立てる ………………………………… 125

5. ヒアリング実践テクニック ……………………………… 126

第7章　STEP5. ソリューション提案書作成

1. コンセプトの立案 ………………………………………… 136

2. シナリオ設計 …………………………………………… 142

第1章

法人顧客における
ニーズとは何か

本章では、ソリューションを考える前に、まずその原点となるニーズの概念をご説明します。つまり、ソリューションはあくまで手段であり、その目的は顧客ニーズを満たすことにあります。ここでしっかり法人顧客におけるニーズの概念を理解することからスタートしましょう。

1．ニーズの概念

そもそもニーズとは何か？

日頃のビジネスシーンでは何気なく使っているニーズという言葉ですが、実はマーケティングを考えるにあたって非常に重要なキーワードであり、また非常に奥深く難しい概念です。そもそもニーズとは何でしょうか？ここでは、まず私たちが捉えなければならない本質的なニーズの意味合いをしっかり理解しましょう。

一般に「ニーズとは何か？」と問われれば、「顧客の欲求」といった回答が得られるでしょう。しかし、それは本当に顧客ニーズと言えるのでしょうか？

たとえば、次の状況における顧客ニーズを考えてみましょう。寒い冬のある日、あなたは会議室で打ち合わせをしています。ところがその会議室のエアコンが壊れており、寒くて仕方ありません。「何か欲しいものはありますか？」と言われれば、

「ヒーターを持ってきてくれ」と言う人もいれば、「上着を貸してほしい」と言う人もいるかもしれません。これらはその人が欲求しているモノですから、顧客ニーズととらえてしまいそうです。

（図）本質的ニーズは何か？

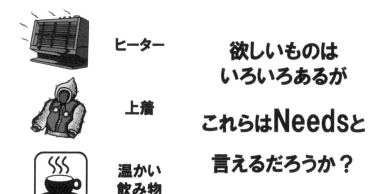

ヒーター
上着
温かい飲み物

欲しいものは
いろいろあるが
これらはNeedsと
言えるだろうか？

しかし、これらは本当にニーズと言えるでしょうか？これらの顧客が本質的に何を望んでいるのかをよく考えてみれば、最終的に「快適な環境のなかで打ち合わせに集中すること」を欲求しているのだと気づくはずです。

みなさんはまさか顧客の「上着が欲しい」という言葉に飛びついて、「弊社の提供する上着のカタログを持参しました！今年はこんなトレンドが流行しています」なんて提案していませんよね？

（図）顧客の言葉に振り回されない

皆さんは、こんな提案をしていませんよね？

（1）ニーズとウォンツ

　「上着」と「快適な環境」の関係について考えてみましょう。「上着」は手段にすぎません。そして、その目的として「快適な環境」を望んでいるということになります。あくまで、本質的なニーズとは目的に対する欲求、つまり最終的にどのような状態を望んでいるのか？という意味を持っています。これに対して、その目的を実現するための手段に対する欲求をウォンツと呼んでいます。マーケティングにおいては、ニーズとウォンツを混同しないように気をつけなければなりません。しかもBtoBビジネスで顧客が口に出して語っているのはウォンツで

あることがとても多く、その言葉に私たちは飛びついてしまいがちです。「こんな製品が欲しい」「こんな機能が必要だ」etc。これらはすべて手段であり、その欲求はウォンツであることを認識しなければなりません。

（図）ニーズとウォンツの概念

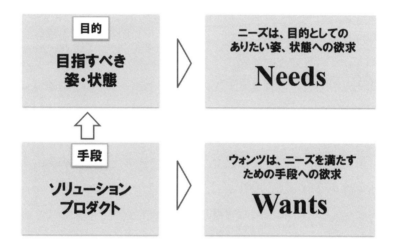

企業あるいは営業パーソンが顧客のウォンツを示す言葉に振り回されてしまうと、どのようなことが起きるでしょうか？お客様が「上着が欲しい」と言っていれば、それを聞きつけた営業パーソンは当然上着を持って行くでしょう。営業パーソンとして当然の行為です。しかし、そこには競合も同様に上着を持って駆けつけているはずです。結果として、上着vs上着の

熾烈な競争が起こり、多くの場合価格競争に陥ってしまいがちです。

　しかし、そこに1社だけ「隣の会議室が空いており、暖房も効いています、場所を移動しましょう」といった提案があったとします。これによって、上着よりもはるかに快適な環境が得られ、顧客満足は上がり、競争優位が生まれることでしょう。おそらくこの企業は、上着が欲しいという顧客の言葉を受け止めて、その真の目的はどこにあるかを洞察し、本質ニーズを見極めたのだと思われます。この例のように、本質ニーズを見極めれば、顧客の期待を上回るベストソリューションが提案できるわけです。

　私たちは、ビジネスのプロフェッショナルとして、顧客も気づいていないベストソリューションを考え、提案しなければなりません。そこに真の顧客満足と競争優位が生まれるのです。

（2）ソリューションのヨコ展開とトータルソリューション化

　ニーズについて、もうひとつ事例を用いてさらに考えてみましょう。あなたは「自動食器洗い機を購入したい」と思っています。そのニーズはどこにあるでしょうか？

　食器洗い機を手に入れる目的は、食器洗いの手間をなくすこ

とです。つまり、自動食洗器が欲しいという欲求は手段に対する欲求であって、本質的な顧客ニーズは食器洗いの手間を軽減することにあるはずです。

（図）まず目的を考える

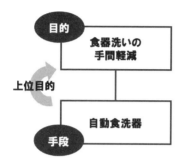

それでは、食器洗いの手間軽減を実現する他の解決策はないでしょうか？　例えば「使い捨て食器だけで過ごす」という手段があるかもしれません**(図)**。このように目的に目を向ければ他の手段が見えてくることもあるわけです。しかしこの案の場合は、コストがかかるし、あまり現実的とはいえません。

（図）別手段を発見できる

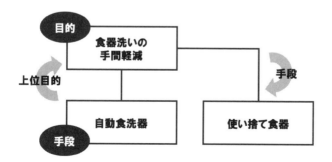

では、さらにその上位目的までさかのぼって考えてみましょう。食器洗いの手間軽減の目的は、「家事に煩わされないライフスタイルの実現」と考えることができそうです。そこからもう一度手段にブレイクダウンしてみます。そんなライフスタイルの実現をめざすならば、食器洗いの手間に加えて、掃除の手間も軽減したいところです。そうすると「お掃除ロボット」というソリューションも有効な打ち手と気づくことができます。

(図) さらに上位目的を考える

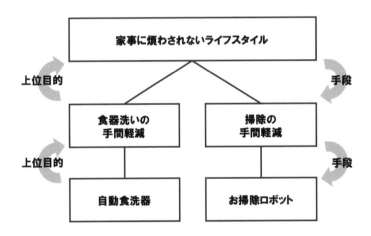

　つまり、上位目的にさかのぼって考えていくと、さまざまなソリューションが見えてくるのです。さらに「家事に煩わされないライフスタイルの実現」をもっと突き詰めて考えれば、洗濯についても楽をしたいはずです。食器洗いも、掃除も、洗濯も……となれば、それらをひっくるめて「ハウスキーパーにお願いする」という選択肢もあるでしょう。これは様々な家事の手間をまとめて軽減する手段となり、まさにトータルソリューションと言えます（トータルソリューションの詳細は後述）。

（図）様々な目的をまとめて具現化するトータルソリューション

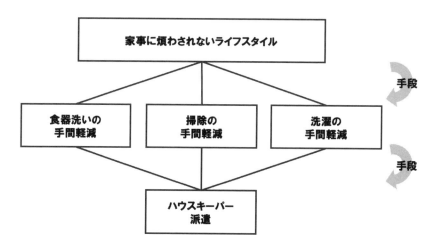

ビジネスにおいて、顧客の口から語られる言葉に振り回されるのではなく、常にその上位目的をさかのぼって考え、顧客の本質的ニーズを突きつめて考えることが大切です。それによって、期待を上回る提案が可能となり、顧客の満足度ははね上がり、明確な競争優位が実現します。場合によってはトータルソリューション化によって、より付加価値の高いビジネスにつながっていくかもしれません。

　本質的顧客ニーズをつかむということは、まさに顧客との間でWin-Winの関係を構築していくための取り組みなのです。

（図）ニーズの構造を見極める

ニーズの構造（ヒエラルキー）を見極めることで、 Best Solution が見えてくる

競争優位	顧客満足

2．BtoBビジネスにおける顧客の本質ニーズ

（1）企業のニーズとは？

　それでは、これまで述べてきたニーズの考え方をBtoBビジネスにあてはめて考えてみましょう。仮に専門商社A社という企業の担当者から「営業パーソン用のタブレット端末の導入を検討したい」という要望があったとしましょう。

　前述のニーズとウォンツの考え方にあてはめれば、この「営業パーソン用タブレット端末」への欲求はウォンツにすぎません。本質的ニーズを考えるためには、その導入目的を明らかにする必要があります。想定される目的として、例えば「営業パーソンの情報武装」などが考えられます。

（図）タブレット端末導入の目的

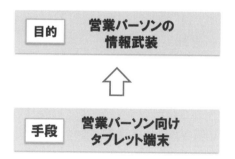

つまり、このケースでは「営業の情報武装」が目的（＝本質的ニーズ）で、「タブレット端末」が手段（＝ウォンツ）ということになります。そしてさらに上位の目的まで目を向けてみましょう。「営業の情報武装の目的は何か？」「営業が情報武装するとどんなメリットが得られるのか？」そんな問いを繰り返して上位目的を探り続けて欲しいのです。

（図）上位目的を探り続ける、何度も繰り返し自問自答を繰り返す

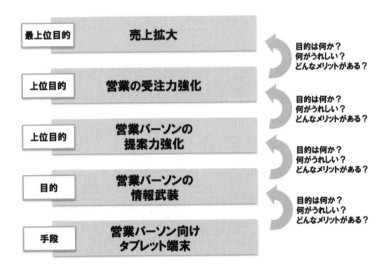

　この場合、更なる上位目的としては「営業パーソンの提案力強化」という目的が見えてきます。その更なる上位目的としては「受注力強化」、そして最上位目的としては「売上拡大」という目的が見えてきます。このように目的と手段は連鎖してい

るため、企業の本質ニーズを捉えるためには「目的は何か？」「何がうれしい？」「どんなメリットがあるか？」といった自問自答を何度も繰り返さなければなりません。このケースでは、顧客企業は営業パーソンの提案力強化によって売上拡大を図ることを目指しているということになります。このように顧客企業は自社の成長のために何らかの戦略を考え、行動を起こしているのです。

一方で、営業パーソン向けタブレット端末の導入には、別の効果も期待できます。例えば、次のように「残業を減らしたい」「顧客満足の向上」などの目的も考えられるかもしれません。つまり、同じ「タブレット端末を導入したい」と言っている企業がいたとしても、その目的は様々な戦略が考えられ、それぞれの企業は全く異なるニーズを持っていると考えなければなりません。

（図）ソリューションが同じでも、ニーズは異なることも、、

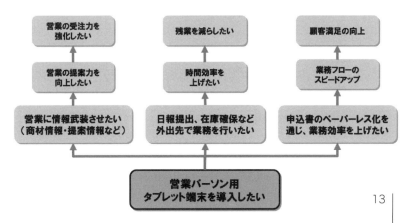

≪営業パーソン用タブレット端末導入の事例≫

ここで難しいのは、ニーズが異なる顧客であっても、みな同じように「営業パーソン向けにタブレット端末を導入したい」という言葉で語られることにあります。要するに、私たちはそこからしっかり目的を問い続けて本質ニーズを見極めなければならないわけです。その結果、受注力強化が目的ならタブレット端末以外にも受注力強化に貢献できるソリューションを提案すべきだし、残業削減に取り組んでいる企業ならそのためのソリューションを考えることになります。したがって、私たちはしっかり顧客の狙いを確かめ、理解することが必要なのです。

（2）本質ニーズを見極める

　それでは、企業が抱える究極的な本質的ニーズは何でしょうか？一般に経営理論では、企業の存在目的・意義は「持続的成長」と定義づけられています。ここでの「成長」とは、売上や利益に代表されますが、現代社会ではただそれらだけでなく、社会的な責任を果たしたり、社会貢献をしたりすることも求められます。そういった広義の成長を遂げることを目指して企業は様々な戦略を実行しているのです。

　上記のように「受注力強化」を通じて成長を目指す企業もあれば、「価格競争力」で勝負をしている企業もあるでしょう。また、「高付加価値差別性」で勝ち抜こうとしている企業もあ

るはずです。

　ここでは、企業の本質的ニーズを「持続的成長に向けた戦略の具現化」と捉えておきましょう。

（図）企業の最上位目的は持続的成長

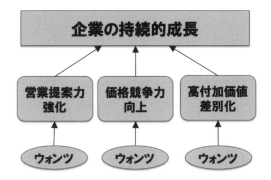

　重要なのは、その企業がどのような戦略でどのような成長を遂げようとしているのか？を掌握することです。そして、その戦略実現のためのベストソリューションは何か？自社はそれをどのように支援できるか？を考えることがソリューション提案の本質なのです。

第2章

ソリューション提案
のアプローチ

本章ではソリューション提案のためのアプローチ全体像をご説明します。前章で述べた顧客ニーズとソリューションの関係性、そして、ソリューション提案を行うための一連の流れを大まかに5つのステップに分けてご説明いたします。

1. ニーズとソリューションの関係

ここで顧客ニーズとソリューションの関係を整理しておきましょう。そのためには、もう少し顧客ニーズの考え方を詳細化しておく必要があります。

(図) ニーズとソリューションの関係

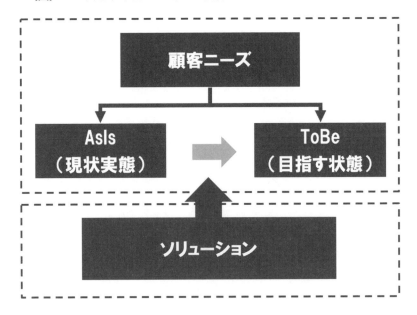

まず「顧客ニーズ」とは戦略の具現化というお話をしました。その戦略実行には様々な課題をクリアしなければならないはずです。その課題を把握する視点として「AsIs-ToBe」というフレームワークを用いることができます。

　例えば、営業提案力強化（顧客ニーズ）という戦略に対して、現状（=AsIs）としては「営業パーソンのスキルや経験にはバラツキがあり、特に若手は知識や提案ノウハウが欠けている」という現実が戦略実現の大きなネックになっているとします。この現状に対し、営業力を強化する方針として「各セールスがソリューション説明や提案ができる状態」を目指すべき目標（=ToBe）となるはずです。

　このように顧客ニーズを満たすために、その課題をより具体化するには「AsIs-ToBe分析」が有効です。「AsIs-ToBe分析」の詳細については後述します。

　そしてソリューションとは、そのAsIs-ToBeのギャップを埋めるための手段を指します。この場合では「タブレット端末」を用いて、営業パーソンの情報武装をし、ソリューション説明力、提案作成力の向上を通じて「営業提案力強化」の実現を目指すことになります。もちろんその手段はひとつとは限りません。しかし、私たちが提案するソリューションはその顧客

にとってベストソリューションであることが不可欠なのです。

2．ソリューション提案のための仮説─検証型 アプローチ

本書で提唱するソリューション提案は、仮説検証型アプローチをとります。仮説検証型アプローチとは、顧客ニーズや提案ソリューションなどについて、まずわかっている情報をもとに仮説を立てることからはじめます。そして、顧客ヒアリングを通じてその仮説を検証する流れです。

顧客ニーズなど、わからないことは手っ取り早く顧客に聞けば良いと思われるかもしれませんが、仮説がないままに実施されるヒアリングで良い結果が得られることはありません。手間がかかるように感じるかもしれませんが、まず仮説を立てることから始めます。実はその方が圧倒的に効率的で正確な情報を引き出すことができるからです。少なくとも皆さんはビジネスの現場におられるはすですから、様々な情報を持ち、日頃から自分なりの仮説をお持ちのはずです。それらを一度きちんと整理して仮説として明確化し、それを顧客ヒアリングで検証し、ソリューションを組み立てるという思考の定石をマスターしましょう。

3. ソリューション提案の基本5ステップ

これまでの流れを踏まえて、ソリューション提案を実施する
アプローチを次の5ステップに分解して、説明していきます。

(図) ソリューション提案の5ステップ

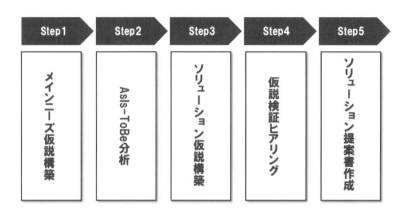

Step1　メインニーズ仮説構築

Step2　As Is-To Be分析

Step3　ソリューション仮説構築

Step4　仮説検証ヒアリング

Step5　ソリューション提案書作成

(1) STEP 1. メインニーズ仮説構築

最初に顧客企業が今最も重要視しているテーマ（メインニー
ズ）に関わる仮説を立てます。企業は必ず何らかの戦略具現化
を目指し、方針やテーマを絞って変革を起こそうとしていま
す。取り組みテーマはひとつとは限りませんが、『二兎を追う
者は一兎をも得ず』と言われます。まずは、自社が顧客に提案
するテーマとして最も重要なニーズをひとつに絞り込むとよい

でしょう。

(2) STEP 2. AsIs-ToBe分析

その取り組みテーマ（顧客ニーズ）に関してAsIs（現状実態）とToBe（目指すべき状態）を検討します。わからないことがあったとしても、まずは仮説を立てて考えてみましょう。そして、抽出されるギャップのうち、解決すべき重要な課題を洗い出します。

(3) STEP 3. ソリューション仮説構築

そのギャップ（課題）を解決するための手段として効果的なソリューションを検討します。この際に自社のユニークな商材や強みがうまく活用できると理想的ですよね。しかし、自社商材だけではなく、他社の商材やサービスとの組み合わせなども検討するとよいでしょう。

(4) STEP 4. 仮説検証ヒアリング

　ここまでのステップで検討してきた仮説を、顧客ヒアリングによって検証します。できれば有益な情報に精通しているキーパーソンを把握して、ヒアリングを実施することが望ましいでしょう。誰が誰にいつヒアリングすべきか？なども含めてヒアリング計画を詳細策定して、実行に移していきます。

(5) STEP 5. ソリューション提案書作成

　仮説検証の結果を踏まえて、ソリューション提案書を作成します。ここでは提案書の構成要素、全体の流れなどをしっかり検討して、顧客にとって説得力、納得感あるロジカルな提案書を目指したいところです。

　以降、ステップ・バイ・ステップで、それぞれの考え方、分析手法、具体的作業手順などを解説していきます。
　この一連のプロセスをご自身のビジネスや商材、顧客企業をイメージしながら考えていきましょう。

第3章

STEP.1
メインニーズ
仮説構築

Step1	Step2	Step3	Step4	Step5
メインニーズ仮説構築	AsIs-ToBe分析	ソリューション仮説構築	仮説検証ヒアリング	ソリューション提案書作成

STEP.1では、企業のメインニーズ仮説を立てます。メインニーズとは、顧客企業が特に注力して取り組みたい戦略や方針を意味します。これはソリューションを考えるための原点であり、ここを掛け違えてしまうと的外れな提案にもなってしまうので、本章で示す多面的なアプローチを活用して、精緻な分析を心がけましょう。

1. メインニーズを特定する二つのアプローチ

企業が抱えるメインニーズとは、前述の通り顧客企業が成長を図るための戦略であり、方針です。その具現化を図るために企業活動が行われ、投資がなされます。

メインニーズを明らかにする手法を大きく分類すると、Bottom-UpアプローチとTop-Downアプローチがあり、これら

の手法を組み合わせて多面的な分析を施していきます。

（図）メインニーズを特定する２つのアプローチ

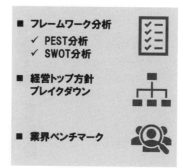

２．Bottom-Upアプローチ

ボトムアップアプローチとは、前述の「営業用タブレット端末」の例のように、顧客の現場の声、つまりウォンツをもとに本質ニーズを探る手法です。

（1）ウォンツからの洞察

企業経営は現場の行動によって動いています。言い換えれば、現場は企業経営の戦略の一部を担っており、その現場の

ウォンツは企業の戦略につながっているはずです。日頃の営業活動等を通じて、顧客の声にしっかり耳を傾け、現場のウォンツを丹念に拾い上げておくことが大切です。

（図）上位目的を考える

ただし、前述の通り、その現場のウォンツを安易にニーズととらえるのではなくしっかりその目的を洞察しなければなりません。仮に顧客の営業現場で「タブレット端末の導入が必要だ」との声が出ていたとしましょう。まず考えなければならないのは、タブレット端末を導入することによって実現すべき目的、ゴールイメージです。営業のマネジメント層の目線で考えれば「現場の若手セールス担当を情報武装させたい」というこ

とかもしれません。

　さらに視点を上げて「情報武装の目的は何か？」について考えてみましょう。情報武装によってどのような営業スタイルを実現したいかと言うと「提案営業力の強化」を目指していると言えそうです。

　このように考えていくと、本質的ニーズである事業における取組テーマを洞察するためには、現場の声が貴重なヒントとなることがわかってきます。ソリューション営業は情報戦です。顧客のもとに足を運び、コミュニケーションを交わし、関係構築を図ることが重要であることを忘れてはなりません。

3．Top-Downアプローチ

ニーズを明らかにするためのもうひとつの方法がTop-Down
のアプローチです。Top-Downアプローチにはフレームワーク
分析（PEST分析、SWOT分析）、トップ方針ブレイクダウン、
業界ベンチマークの4つの手法があります。

（図）Top-Downアプローチ

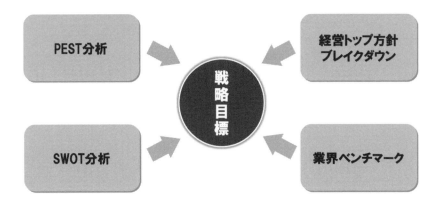

（1）フレームワーク分析（1）　PEST分析

事業戦略の本質は、経営環境に適合することにあります。事
業をとりまく環境の動向、変化をいち早くとらえ、それに最適
化を図る必要があるわけです。つまり、事業課題を特定するた
めには、環境変化に着目し、分析することが効果的なのです。

まず行ってほしい環境分析はマクロ環境にかかわる分析です。世の中全体の大きな動き、トレンド、変化を棚卸します。そのために用いるフレームワークがPEST分析です。

（図）PEST分析

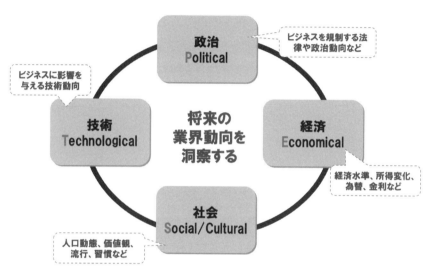

　顧客企業のビジネスに影響のあるマクロ環境要因を洗い出す際に、P（政治）・E（経済）・S（社会）・T（技術）の四つの視点から検討すると、重要なマクロ環境要因をもれなく網羅的に把握できます。このフレームワークは、4つの視点の頭文字をとって、PEST（ペスト）分析と呼ばれています。

① P（Political）：政治・法律

　政治政策、方針などは直接、間接にビジネスに影響します。例えば、公共投資を増やす政策が実施されれば、土木建築産業にはビジネスチャンスとなるでしょう。消費税増税などが決定すれば、消費マインドは一時的に冷え込む可能性があります。

　加えて「法的規制」も重要な要素としてあげられます。規制緩和や規制強化はビジネスチャンスにつながることもあれば、脅威のマイナスインパクトをもたらすこともあるでしょう。環境保護や情報セキュリティなどは規制強化の方向にあるし、貿易自由化のように規制が緩和される業界もあります。

② E（Economical）：経済

　当然ながら、あらゆるビジネスにとって、景気動向は重要な要素です。所得の変化や消費動向、企業の投資意欲はすべての企業の市場環境に直接影響をおよぼします。また金利や為替などの変動も重要です。為替動向は輸出入産業の収益力を大きく左右する要因となるし、金利の変化は金融ビジネスにインパクトがあります。これらが景気動向に影響することも見極めておくことが必要です。

③ S（Social）：社会

　社会環境の代表的な要素として、人口動態があげられます。日本国内の少子高齢化、人口減少は日本の産業界に影響をもた

らします。現に、若年市場の縮小、高齢者市場の拡大、労働力の不足などが起きています。

　また、生活習慣・文化・流行・トレンドなどもここで検討しておきましょう。例えば、現代のスマホの普及は人々のライフスタイルを大きく変え、新たなビジネスチャンスを数多く生み出しました。スマホゲームが大きく成長する一方で、旧来型の家庭用ゲーム機は苦戦を強いられています。

④　T（Technological）：技術

　新しい技術革新も企業のビジネスを変え、人々の生活を変えます。前述のスマホの浸透も、デバイス技術の進化によってもたらされたわけです。自動車産業を例にとれば、電気自動車の出現によって自動車向け電子部品市場が大きく伸びました。さらに今後、自動運転の実用化などさまざまな技術が生まれ、人々の生活は変わり、企業にとってその事業環境に大きな影響をおよぼしていくことでしょう。

　これらマクロ環境は、顧客のビジネスに確実に影響を及ぼします。PEST分析を通じてマクロ環境変化の洗い出しができたら、顧客企業にとってどのような影響があるか、それがどのような戦略につながるのかを整理していきましょう。ビジネスへの影響としては「機会」と「脅威」に分かれます。企業のニーズとしては、次の例のように「機会の攻略」や「脅威への対

抗」といった方針にあらわれることとなります。これらが次に紹介するSWOT分析に反映されていくことになります。

〈表　インパクト例〉

	PEST要因	機会の攻略	脅威への対抗
P	情報セキュリティ規制強化	自社のセキュリティサービスの拡大	社内ネットワークのセキュリティ投資強化
E	円安ドル高	海外市場での価格競争力向上に伴う事業拡大	輸入原材料コストアップ分の製造コストダウン推進

（2）SWOT分析

　SWOT分析とは、強み（Strength）、弱み（Weakness）、機会（Opportunity）、脅威（Threat）を表しているフレームワークです。

　まず、顧客企業の強み、弱みを明らかにしましょう。それに加え、顧客企業にとってビジネスチャンスになる機会、また同社の成長を阻む脅威の要素を洗い出し、SWOTのフレームワークを完成させます。

（図）SWOT分析

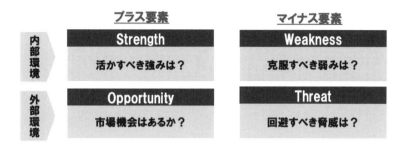

　このSWOTの視点から、顧客企業が注力する戦略や方針を導き出すことができます。その考え方の定石は外部環境である機会（O）や脅威（T）に着目して検討するとよいでしょう。

1）機会（O）からの展開

　企業は成長のためにビジネスチャンスの攻略を目指しているはずです。したがって、まず機会（O）に着目して方針を検討するとよいでしょう。

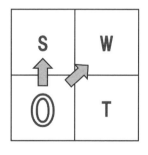

① 【パターン1】機会（O）×強み（S）戦略

　機会（O）といっても、さまざまな市場機会が抽出されていることと思います。その中で戦略として有望なのは、何といっても自社の強み（S）が活用できる機会です。戦略方針としては、その強みを活かして、機会を攻略することと定義づけることができます。

② 【パターン2】機会（O）×弱み（W）戦略

　これは、魅力的な機会（O）を攻略するためには、弱み（W）を克服しなければならないという課題が見えている場合です。パターン1との組み合わせとなっていることが多いかもしれません。「この弱みを克服さえすれば、強みもあるし、機会攻略ができそう」といった戦略となります。方針としては、機会攻略のために、この弱みを克服することと表現できそうです。

2）脅威（T）からの展開

　次は、脅威（T）からの展開です。

　企業にとっての重要な経営課題は、必ずしも成長機会の攻略ばかりではなく、「防衛の戦略」をあげる企業も多いと思います。例えば、特定の市場で高シェアを握っている企業が、他社の参入を許し、シェアを徐々に奪われ始めているケースでは、防衛が最も注力すべき方針といえるかもしれません。その場

合、競合に対抗するために強みを活かしたり、弱みを克服したりする方針が立てられることとなります。

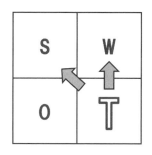

　このようにSWOT分析から顧客企業が注力すべき戦略や方針を明らかにすることができます。顧客の立場で分析してみましょう。

（3）経営トップ方針ブレイクダウン

　経営者は事業の成長に向けて方針を立て、それをもとに現場は課題解決に向けて行動を起こします。つまり、現場における様々な変革は経営トップの方針に基づいて行われているはずです。ニーズを明らかにするためにも顧客企業の経営トップが発信している方針やメッセージを参考にすべきでしょう。

　概ねトップ方針は、企業の公式サイト、決算報告、ＩＲ資料、各種メディアなどに掲載されています。丹念に情報を探索して、経営トップの言葉を参考にしたいところです。

ただし、一般にトップ方針はやや抽象的な言葉で表現される
ことが多いことには注意が必要です。例えば、「海外売上比率
の向上」などといった具合です。現場ではその方針をブレイク
ダウンして、部門方針や取り組みとしているはずです。

（図）トップ方針はブレイクダウンされる

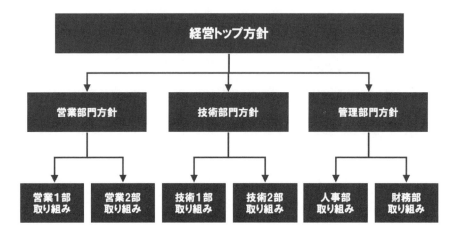

　例えば、海外といってもどのエリアを重点エリアとするの
か？そこで事業拡大するために何をすべきか？といった具体化
が必要です。仮に、「ASEAN諸国」を重点エリアとし、そこ
での事業拡大のために必要な取り組みを「ASEAN向けの商品
開発」と「現地での流通チャネルの開拓」といった具合にブレ
イクダウンされるわけです。そして、それらの取り組みの遂行
にニーズがあり、ひいてはそれが提案機会となるのです。

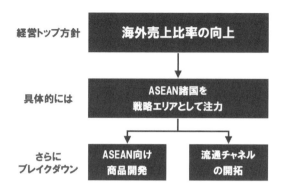

本質的ニーズとして、トップ方針をどの程度ブレイクダウンするかは迷うところですが、後述の「ニーズのヒエラルキー」の項で詳細は説明いたします。

（4）業界ベンチマーク

ベンチマークという言葉には様々な意味合いがあります。経営領域におけるベンチマークとは、「自社の経営の成長を図るために用いる他社の戦略や取り組み」という意味で使われています。

つまり顧客企業のニーズを考える際、その業界全般が抱える事業課題を把握しておくことは重要です。例えば、業界の多くの企業が今後の方針として「海外売上の拡大」を目指していることがわかれば、業界全般に通じるテーマだろうと推測できま

す。顧客企業だけを見るのではなく、その業界全般の動きに注目しておきましょう。

（図）業界課題を探るためのヒント

同業他社の 経営トップ方針・課題	投資動向	具体的施策の変化
■ 経営課題 ■ 基本戦略、方針 ■ 事業領域拡大 ■ コストダウン	■ 研究開発投資 ■ 組織、人員体制 ■ 情報システム投資 ■ 省力化、自動化	■ 商品サービス拡充 ■ 価格政策 ■ アライアンス ■ IT活用

　ベンチマークの視点として、前述のトップ方針が挙げられます。同業他社、特に業界のリーディングカンパニーや同等規模の競合については同社のホームページやマスメディアでのリリース、ＩＲレポートなどにも多くのヒントがあります。また、それらの情報源には投資動向なども示されているかもしれません。

　また、競合企業はエンドユーザに対して商品ＰＲなど具体的なアプローチをしているものです。したがってエンドユーザが競合企業の動きについて良く知っていることが多いものです。

　さらに、社内に同業他社を担当している営業パーソンはいませんか？差しさわりのない範囲で業界情報は社内共有したいところです。

（図）様々な情報源を通じてベンチマークする

４．メインニーズのレイヤー調整

（１）ニーズのヒエラルキー

　これまで説明してきた方法で顧客が抱える戦略や方針が見えてきたことと思います。しかし、ニーズの把握とひとことで言っても実は様々な捉え方があります。

　例えば、本質的なニーズを探索するために、徹底的に目的を

考え続けると「売上拡大」というニーズに到達するかもしれません。しかし、これでは抽象的すぎてどのような方針で売上を拡大しようとしているのかが見えてきませんよね。もう少し具体的な方針を明らかにしたいところです。

　一方で、あまりにブレイクダウンしすぎると「タブレット導入」という単なる手段になってしまいます。前述の通り、これではウォンツのレベルにとどまってしまい、本質的ニーズとは言えません。このレイヤー（階層）調整はどのように行うべきでしょうか。次の項で考えてみましょう。

（図）ニーズ把握はレイヤー（階層）調整が意外と難しい

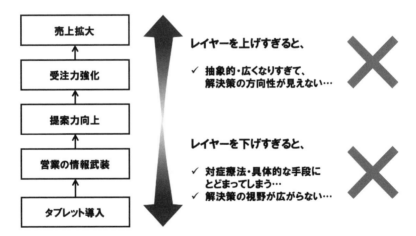

（2）レイヤー調整の判断基準

　ソリューション提案の対象となる本質的ニーズを特定するにあたって、抽象的すぎてもダメだし、具体的すぎてもダメなのです。このレイヤー（階層）調整が難しいですよね。その判断には、2つのガイドラインがあります。

1）仮説の確度
　その一つ目が「仮説の確度」です。

　「仮説の確度」について考える前に、改めてニーズについて考えておきましょう。現場の声として「タブレット導入」というウォンツがあったとしましょう。その目的、上位目的を考え続けると、「営業の情報武装」→「提案力向上」→「受注力強化」→「売上拡大」とたどることができます。これは本質的なニーズとは？の項でご説明した通りです。

　まず上位目的から見ていきましょう。この場合最上位目的は「売上拡

大」とあり、その手段として「受注力強化」が挙げられています。この場合、顧客ニーズを「売上拡大」と捉えるべきか？「受注力強化」と捉えるべきか？で迷うところです。

　一般的には「売上拡大」ではさすがに抽象的ですよね。「売上拡大」を実現するための方針としては「受注力拡大」以外に「商品力強化」という方針も考えられそうです。そこで経営者が考えなければならないのは、今「受注力強化」と「商品力強化」のうち、どちらに力を入れるべきか、優先順位をつけることでしょう。

　そこで「現時点では強い競争力を持つ商品があるので、今後強化すべきは受注力だ」と判断されれば、今後の重点取り組み方針（ニーズ）は「受注力強化」というレベルまで具体化すべきでしょう。

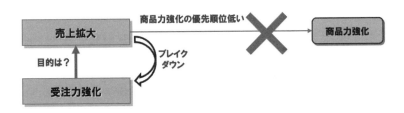

　さらに「受注力強化」の実現に向けては提案力向上という手段が示されています。しかし、他に「営業マネジメント強化」も必要かもしれません。ここでも優先順位として「提案力

向上」が最優先課題と確信できるなら顧客ニーズは「提案力向上」と定義すべきでしょう。

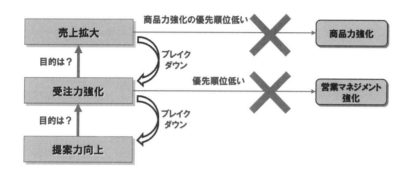

それでは「提案力向上」の手段としてはどのようなものが考えられるでしょうか？まず「営業の情報武装」が挙げられます。それ以外にも様々な手段も検討し提案力向上に取り組みたいのであれば、顧客ニーズは「提案力向上」と定義づけてよいでしょう。例えば「営業のスキルアップ」も必要で、そのための「提案営業研修」の開催も有効かもしれません。

このケースでは、上位目的となる「売上拡大」や「受注力強化」はニーズ定義としては抽象的であり、もっと具体的にブレイクダウンする方が望ましいということになります。提案力を強化することが最も優先順位が高いという仮説が確からしいのであれば、そこまで具体化しましょう。

逆に「提案力向上」をブレイクダウンし、「営業の情報武装」
というレベルまで具体化する必要はないでしょうか？この場合
「営業の情報武装」は「提案力向上」のためのひとつの手段に
すぎず、他の手段も検討する余地があるのならば、やはりこの
顧客ニーズは「提案力向上」と定義しておくべきなのです。

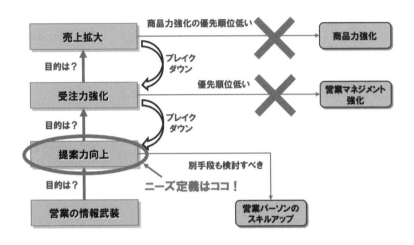

2）カウンターパートナーとの目線合わせ

　現実的な話をすれば、直接提案するカウンターパートナー
（顧客企業の担当者）の立場によって、ニーズの捉え方を調整
する必要もあります。

　仮に購買窓口の担当者から値下げの要請があったとします。
ソリューション提案の観点からは、目的（本質的ニーズ）を見
極め、それを実現するために必要となる解決策を提案すること

が定石となります。そこでニーズとソリューションの構造を以下の仮説を立案しました。最終的には収益力強化を課題と捉え、そこに向けてEC直販モデルへの転換を提案することができるかもしれません。

しかし、それを購買窓口の担当者に提案しても、相手の立場ではその提案を受け入れることは難しいですよね。それは新しいビジネスモデルへの転換という大きなテーマは購買窓口の担当者の権限では扱えないからです。

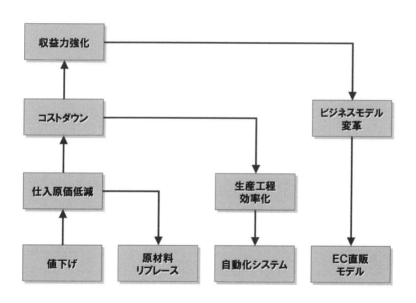

現実に目を向ければ、提案相手が扱えるテーマをメインニーズとして捉えざるを得ないでしょう。基本的な提案のスタンス

としては、相手の目線、裁量の範囲を見極めて欲しいのです。ただし、担当者に提案するなら、一つ二つ上の目線（購買課長などの目線）に上げ、仕入れ調達の見直しを提案することは大きな意義があるかもしれません。ここで注意して欲しいのは相手の目線に完全に合わせすぎないことです。つまり購買担当者目線に合わせすぎてしまうと、交渉は「値下げ」に終始してしまいかねません。ここで、購買課長の目線で「原材料のリプレース提案」ができれば、担当者がそれを課長に社内提案し、受け入れられれば担当者の手柄にもなるはずです。場合によっては、工場長目線で生産工程効率化提案にチャレンジすることも可能かもしれません。

（図）ニーズ定義には相手の目線と裁量を考える

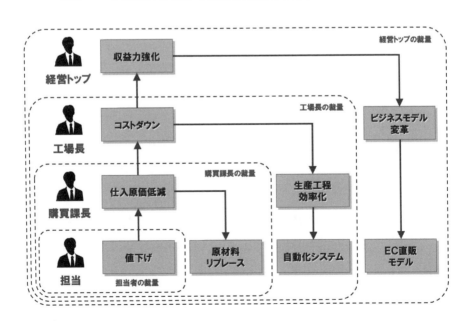

つまり、担当者に提案するなら部門長目線でニーズとソリューションを考える、つまり一つ二つ上の目線でニーズを定義しましょう。また、本当に顧客企業にとって必要なら、積極的に経営トップ目線で提案をしたいものです。ただ、その時には自社としても経営トップを動かし、トップ営業を仕掛ける必要があるのです。

5．オプション思考

ここでは意思決定の定石となるオプション思考について説明します。ニーズ定義はソリューション提案の重要な仮説となります。そのような重要な分析や意思決定には必ずオプション思考をとって欲しいのです。

オプション思考とは、まず複数の有望なオプション（選択肢）を抽出し、それらを比較評価することを通じて意思決定する思考法です。

オプション抽出 ▶ 比較評価 ▶ 意思決定

（1）ニーズ選択肢を洗い出す

オプション思考では、分析や意思決定にあたり、必ず複数の選択肢をあげることからスタートします。

ビジネスの様々な意思決定において自分の直感で決め打ちになってしまうケースが多々見られます。もちろん最終的には一つに絞らなければならない局面も多いと思いますが、そのような場合でも必ず一旦複数の選択肢をあげて欲しいのです。特に企業が解決したいニーズは山積しています。まず、それらが提案対象となるニーズの候補ですから、一度徹底的に洗い出してみましょう。

　ニーズ仮説を構築する手段も複数示しましたが、様々なアプローチを用いることで様々なニーズ仮説が見えてくるのです。

（図）オプション（選択肢）抽出

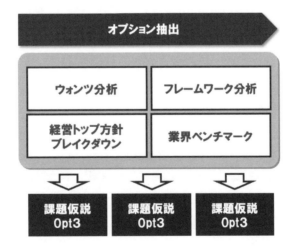

（2）メインニーズのプライオリティづけ

　次のステップが抽出されたニーズ仮説オプションの比較評価です。

1）評価のマトリクス

　このステップで用いる評価のフレームワークをご紹介します。2つの評価基準を用いて、マトリクス化するとニーズ仮説のプライオリティが明確化できます。評価基準の一つ目が顧客にとっての重要度、二つ目が自社にとっての親和性（＝適社度）です。

（図）仮説オプションを評価する二つの評価基準

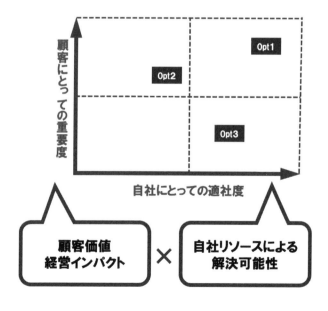

2）顧客にとっての重要度

　ソリューション提案の対象となるニーズは、その顧客にとって優先順位の高いものでなければなりません。提案すべきニーズは、優先的に解決に取り組もう、投資をしようと考えられるテーマです。通常、その課題解決によって大きな顧客価値が得られるもの、顧客企業の経営に大きなプラス効果を与えるものでなければなりません。

3）自社にとっての適社度

　ただ、それだけでは自社が提案する必然性が生まれません。やはり自社リソース（製品や技術など）で解決に大きく貢献できるニーズを優先的に提案対象にすべきです。

　ただ、この時留意してほしいのは"自社商品を売る"ことを目的化しないことです。もちろんビジネスですから、その提案によって自社商品が売れ、売上高につながることは必要です。しかし、売ることを優先して顧客の視点が軽んじられるようでは本末転倒と言わざるを得ません。

（3）　メインニーズ仮説の特定

　ニーズ評価のマトリクスを通じて、顧客へソリューション提案する対象となるメインニーズ仮説を特定します。

　前述のとおり、顧客が抱えるニーズは決してひとつではあり

ませんが、自社が提案すべきテーマは絞り込んでおきたいところです。ただ、複数案を提示することも可能です。また、仮説検討の段階で仮説が否定されることもあります。そんな時のためにも、メインニーズ仮説は3つ挙げておき、優先順位1〜3を決めておきたいところです。最終的には次に示すワークシートでまとめておくとよいでしょう。

（図）優先順位づけの流れ

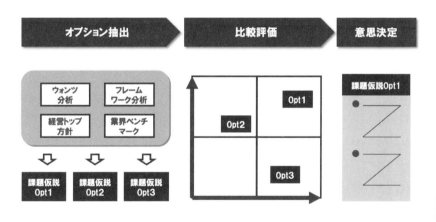

メインニーズ分析シート

	Opt.1	Opt.2	Opt.3
本質ニーズ 戦略・方針 テーマなど			
根拠 T/D、B/U アプローチ 等の情報			
顧客の 重要度 に関わる コメント			
自社の 適社度 に関わる コメント			

第4章

STEP.2
AsIs-ToBe 分析

Step 1	Step 2	Step 3	Step 4	Step 5
メインニーズ仮説構築	AsIs-ToBe分析	ソリューション仮説構築	仮説検証ヒアリング	ソリューション提案書作成

> メインニーズ仮説が明確化されたら、次のステップに進みます。ステップ２で行いたい分析はAsIs-ToBe分析です。この分析を通じて、顧客のメインニーズに関わる現状実態（AsIs）とその現実をどのように変えてどのような状態を目指すのか（ToBe）を明らかにすることになります。

1．AsIs分析

　AsIsとは「現状」を意味します。つまりAsIs分析では、メインニーズに関わる現状実態を明らかにします。現場には、様々な問題、満たされていない状態が存在しているかもしれません。そういった現実をすべて把握しておかねばなりません。

　それではもう少し具体的にAsIs分析の仕方を説明します。

　把握すべき情報を大きく分解すると、「事実としての現状実

態」と「そこに存在する問題点分析」が挙げられます。

（図）AsIs把握の構造

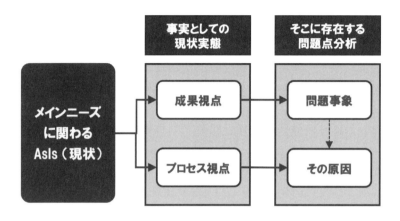

「事実としての現状実態」としては、まず顧客事業の現状を事実ベースで把握し、その事実をもとにそこに潜んでいる問題点分析を行います。

（1）事実としての現状実態

ここではメインニーズに関連する現状実態を客観的な事実で把握します。その把握の視点としては成果視点とプロセス視点が必要です。

1）成果視点

　成果視点には、定量的に把握できるものと定性的な情報があります。定量的な指標としては、売上や利益などがビジネスのパフォーマンスとして挙げられるでしょう。一方、広義のコストなどにも目を向け現状実態を明らかにしていきます。ここで言うコストとは単なる費用だけではなく、業務に費やしている時間（リードタイム）、様々なロスや稼働率など効率低下をもたらす要因全般を意味しています。このように定量化できるものはできるだけ具体的な数値でゆるぎない事実として把握しておきたいところです。

　また、定性的な情報も必要となります。代表的なものとして顧客満足、従業員満足、社会貢献など様々な現状が考えられます。

2）プロセス視点

　プロセス視点とは、上記の成果を生み出すためのビジネスプロセス、業務・作業フローなどが挙げられます。

　例えば、「生産のリードタイム短縮化」というメインニーズがあったとします。その場合、まず成果視点で現状のリードタイムの実績を明らかにし、その成果をもたらしているプロセスとして生産工程、作業フローを把握しなければなりません。まずは客観的に現状をつかむ、そこに変革のチャンスがあるはずです。

成果視点	定量	事業成果	売上、シェア、利益、単価、リピート率、新規開拓件数など
		広義のコスト	費用、時間（リードタイム）、ロス、稼働など
	定性	各種満足度	顧客、従業員、株主など
		社会性、他	社会貢献、社会的責任など
プロセス視点	ビジネスプロセス、業務・作業フロー、組織体制、スキル、システム、企業内個人行動プロセス、エンドユーザの購買プロセスなど		

（2）現在発生している問題点の洗い出し

　成果視点で洗い出された情報には問題が存在しているはずです。そこで、次の手順として、問題がどこに所在しているのか、問題点を絞り込んでいきます。例えば、生産リードタイムの短縮化を目的とするなら、リードタイムの問題がある工程を特定することになります。この時、計画を下回っている問題のみに着目するのではなく、リードタイムの短縮化余地に着目することがポイントです。

（図）問題にはふたつのタイプがある

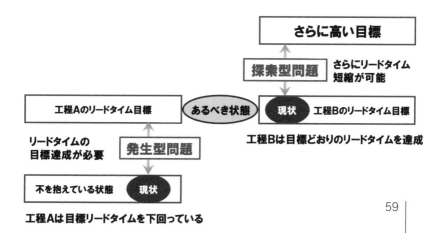

一般に問題というと目標未達などのマイナスポイントが指摘されます。これを発生型問題と呼びます。しかし、問題は発生型問題だけではなく、さらに高みを目指したあるべき姿とのギャップをも含みます。これを探索型問題と呼びます。この探索型問題も含めて、現在発生している問題を洗い出してみましょう。

1）問題点抽出のための分解

　問題点を明らかにするためには物事を分解して考える必要があります。

　例えば、自社で従業員満足度調査をしたとしましょう。結果は5段階評価で平均4.0ポイント。業界平均が3.8ですから、まあ良好と言えそうです。

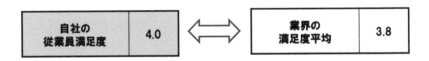

　しかし本当にどこにも問題がないのでしょうか。どこかに何らかの問題があるはずです。そう考えると、問題点を明らかにするためには、さらに分解して問題の所在を見つけ出さなければなりません。従業員満足度を分解する際には、部署別や年齢別など様々な切り口があり、その切り口によって様々な問題発見が可能となります。下記の例では、部署別では業務部、年齢

別では30歳代に問題がありそうですね。

営業部	管理部	業務部	製造1部	製造2部	平均
3.9	3.8	3.6	4.3	4.2	4.0

50歳以上	40歳代	30歳代	20歳代	平均
4.3	4.0	3.7	3.9	4.0

　また、さらに部署別×年齢別といった切り口の組み合わせで
問題点を探ることも可能でしょう。それを見ると、部署別、年
齢別で分解したときには見えなかった営業部の20歳代に大き
な問題が発生していることがわかります。このように分解は
様々な切り口を用いて多面的に行うことが必要となるのです。

	営業部	管理部	業務部	製造1部	製造2部	平均
50歳以上	4.8	4.5	3.8	4.4	4.0	4.3
40歳代	4.6	4.0	3.6	4.0	3.9	4.0
30歳代	4.0	3.5	3.6	4.1	4.1	3.7
20歳代	2.1	3.3	3.5	4.6	4.8	3.9
平均	3.9	3.8	3.6	4.3	4.2	4.0

2）問題の原因分析

　どこに問題があるのか、所在が明確になってきたら、さらに
その問題を掘り下げ原因を明らかにする必要があります。問題
解決のポイントは発生している事象ではなく、その原因に解決
のメスを入れることです。

（図）問題解決には原因に変革のメスを入れる

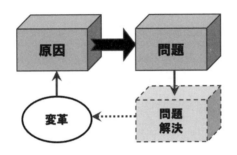

　結果である問題事象に解決のメスを入れるということは、本
質的には問題は解決していないので、必ず問題が再発します。
問題の根絶を図るためには原因を解消しなければなりません。

　しかし、この因果関係は意外に複雑で、的確に把握すること
は難しいものです。二つの原因が折り重なって一つの問題を起
こしていたり、一つの事象が二つの問題を発生させていたり、
原因と結果が循環しているようなことが起きていることがあり
ます。これらの問題点と原因の構造を客観的に把握することが

問題解決の第一歩となります。

（図）複雑な因果関係

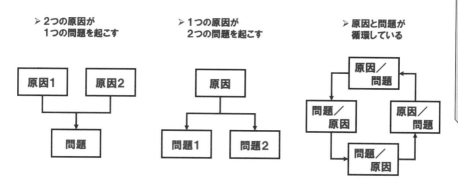

> 2つの原因が
> 1つの問題を起こす

> 1つの原因が
> 2つの問題を起こす

> 原因と問題が
> 循環している

原因1　原因2

原因

原因／問題

問題

問題1　問題2

問題／原因　　原因／問題

問題／原因

　また、問題の構造は根深いもので、表面的な原因分析ではその真因を特定するには至らないことも多いようです。ここでトヨタの問題解決の考え方で有名となった「5 Why」をご紹介します。

　発生している問題には必ずその原因がある。これはここまで説明してきた通りです。しかし、その原因にもそれが発生する原因があるはず。そのように考えると問題と原因の関係は連鎖しており、まずその全体像を把握しなければなりません。

　営業部門として「新商品が販売目標未達」という問題が発生しているとしましょう。その原因は「コンペ負けが多い」ことであり、さらにその原因は「提案内容が弱い」こと。その原因は「ニーズ把握ができていない」ことであり、「現場の実態把

握ができていない」ことにあります。最終的には、営業パーソンのヒアリングスキルがネックとなっていることがわかりました。ここまでくればヒアリングスキルの強化に取り組まなければ根本的な解決には至らないことがわかりますよね。

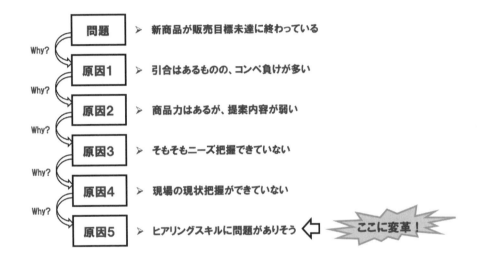

3）犯しやすい因果関係の誤認

また、一般に犯しやすい因果関係の落とし穴があります。二つの事象に相関関係があるときに、そこに因果関係があると推察することが多いと思います。しかし、正確には二つの事象が連動していたとしても次に示すような誤認について十分留意する必要があります。

・因果が逆

　原因と結果の関係には相関性があるとしても、原因と結果の流れを逆にとらえてしまうケースです。交通事故防止の看板がある場所と交通事故が多い場所には相関性があります。この場合、事故が多い（原因）から看板を立てた（結果）わけですが、これを逆に看板が多いと事故が起きると誤認してしまうケースです。

よくあるミス　その1：　因果が逆

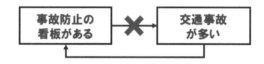

・第三因子

　一つの原因が二つの結果を招くことがあると述べました。そうすると、その二つの結果には相関性があるように見えてしまいます。例えば、アイスクリームが売れる（結果1）とプールに行く人が増える（結果2）には因果関係はありません。これは「暑い」という原因がこの二つの結果を招いているので、ほぼ同時期に二つの事象が発生し、あたかも因果関係があるように見えてしまうことがあるのです。

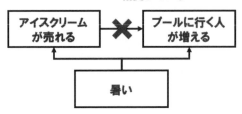

よくあるミス　その2：　第三の因子によって
相関している

・偶然

　全く相関性のない二つの事象がたまたま発生することはある
ものです。しかし、それがとても強い印象を持っているとそこ
には因果関係があるかのように誤認してしまうこともありそう
です。「あの人が来るといつも雨が降る」といった雨男、雨女
などはその代表的な事例かもしれません。

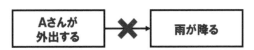

よくあるミス　その3：　偶然

・論理の飛躍

　いくつかの因果関係が連鎖していることも多いでしょう。
「風が吹けば、桶屋が儲かる」のような事象です。「風が吹く」
と「桶屋が儲かる」の間にはいくつかの事象があるのですが、

それらを省略して最初と最後を因果関係で結んでしまいがちです。この場合、間の事象に解決のメスを入れる発想が失われてしまうので注意が必要ですね。

よくあるミス　その4：　論理の飛躍

風が吹く ━━ ✕ ━▶ 桶屋が儲かる

（3）AsIsを描く際の留意点

　改めて、AsIsを描く手順をおさらいします。まずは、戦略や方針（メインニーズ）に関わる現状実態を成果視点とプロセス視点で明確化します。そして、その成果において発生している問題点を明らかにし、その問題を引き起こしている原因を明らかにしていきます。原因は現状実態で明らかにしたプロセスのどこかに潜んでいるはずです。

　プロセスを描くときに特に意識したいのは、現場の現実が動画映像で再現できるくらいの"生々しさ"です。前述の通り、解決のメスを入れるのは原因です。だからこそ、その原因が潜んでいるプロセスはより詳細に把握しなければならないのです。

（図）AsIs で明らかにすべき要素（全体像）

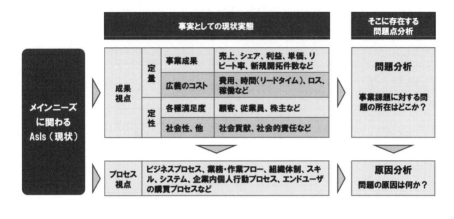

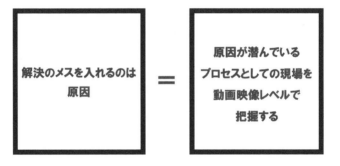

　例えば「営業パーソンはお客様先に訪問できていない」といったレベルで留まるのではなく、「提案書作成に5割の時間を割いている」その結果「本来の訪問活動ができていない」しかも「似たような提案書でも各自が独自に作成」しており、「作成効率も悪いし、その品質も人によってバラツキが大きい」などのようにできるだけ具体的に現場で何が起きているのかを赤裸々に描きたいところです。参考までに、AsIs分析ワークシートを載せておきます。是非ご自身の顧客分析を行ってみて下さい。

AsIs分析ワークシート

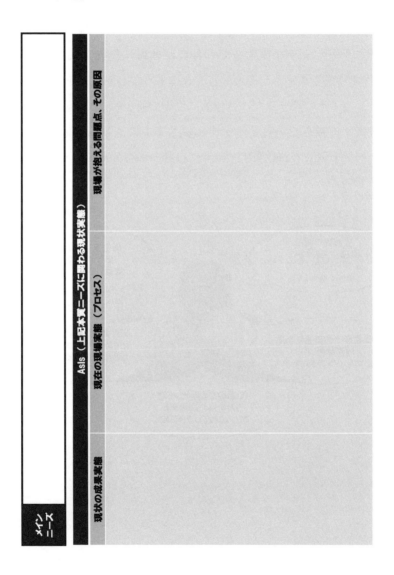

メインニーズ

AsIs（上記本質ニーズに関わる現状実態）

現場が抱える問題点、その原因

現在の現場実態（プロセス）

現状の成果実態

2．ToBe分析

ToBe分析では、メインニーズを満たすために何がどう変われば良いのかを明らかにします。これも成果とプロセスの視点から考えるとよいでしょう。

まず成果の視点から現状（AsIs）の成果に対して、目指すべき（ToBe）成果を描くこと。そして、その成果を実現するための指針、プロセスを描いてください。

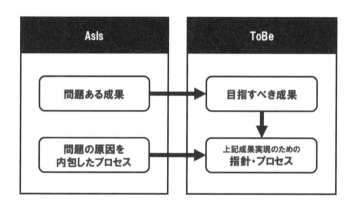

（1）ToBeの描き方

目指すべき成果を実現するための「あるべき指針やプロセス」を描くわけですが、ここではできるだけ具体的な変革点を明確にする必要があります。現状（AsIs）のプロセスに対して、何がどのように変われば目指すべき成果が実現するのか？

そのイメージをできるだけ具体的に描いてみてください。これ
も動画映像のイメージがわくように描いてみましょう。

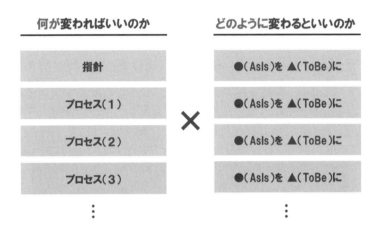

（2）ToBeを描く際の留意点

　目指すべきプロセスを描く際には、ソリューションをイメージすることが多いと思います。それは決して悪くありませんが、自社ソリューションを売ることを目的化しないようにくれぐれも注意して欲しいのです。あくまでここでは顧客視点に立ってあるべき姿を考えてください。

　そのためには、プロセス全体をモレなくダブリなく分解して、あらゆる変革ポイントを洗い出すとよいでしょう。自社のソリューションが活用できるところだけではなく、あらゆるプロセスに目を広げてあるべき像を描きます。例えば、営業プロセスを変革するためにあるべき姿を考えるなら、営業プロセス全体を4〜6のステップに分解して検討するのです。ここでは一旦あらゆる可能性を考えて、あるべき姿を洗い出すことが重要です。一般的な営業プロセスとしては次のように分析できるでしょう。

（図）営業プロセスをMECEに分解する
（例）営業プロセス

アプローチ準備	一次訪問	企画立案	クロージング
問い合わせ対応	自社（商品）紹介	情報整理・共有	プレゼンテーション
企業情報収集	ヒアリング	クライアント課題特定	リアクション対応
ニーズ仮説立案	状況把握・対応	ソリューション立案	意思決定促進
提案資料準備	有用情報提供	提案書作成	取引条件交渉

この分解をもとに、AsIs-ToBe（事例）を描くとこのように
イメージできます。

	AsIs	ToBe
アプローチ準備	ニーズ仮説もないからあらゆる状況に対応するようにたくさん資料は持っていきたい。でも現実にはたくさんありすぎて持っていけないので、あきらめて初回はヒアリングに徹することにした。	訪問直前のランチ時間に同業界の事例に目を通し、ニーズ仮説を把握してからお客様先に向かうことにした。
一次訪問準備	自社ソリューションに想定以上に関心を示してきた。質問されても資料がないので、宿題にして帰社。日報を描いているうちに遅くなって宿題のことを失念。3日後にようやく回答。	ニーズ仮説は概ね正しく、販促資料で導入事例を説明。概算見積りをその場で提示、汎用企画書で提案イメージを共有して次回プレゼンをさせてもらうことに。日報はその場で送信して、今日は直帰。
企画立案	2回目の訪問ですべて説明、回答し、ようやく提案機会をいただく。提案書は昔同じようなものを作った記憶はあるが、資料が見つからず、またイチから作った。	訪問時に提案イメージが共有できていたし、過去の社内類似提案書を参考にできたので、あまり時間をかけずに良い提案書ができた。
クロージング	プレゼンをしたら、いきなり納期を聞かれた。電話確認したら、担当者不在でわからず、後日回答することに。様々なやりとりを繰り返し、商談期間が長引き、他社に受注を奪われた。	先日受講した研修の成果もあって、プレゼンは好感触。納期確認の質問が出たので、その場で調べて回答。満足いただける納期だったようで、その場で即決、受注が確定した。

このAsIs-ToBeから変革のポイントを明らかにしていきま
しょう。下記に示すように、何をどのように変革すべきか？と
いったエッセンスを抽出してみます。ここで使われるワーク
シートも次に示しておきます。

ToBe ワークシート

メインニーズ	ToBe（上記基本ニーズの解決に向けてあるべき姿）		
	変革すべき現場の実態（Before）	変革後のあるべき姿（After）	変革の結果生ずる成果

3. 解決課題の特定

解決すべき課題は数多くあるでしょう。それらを何から何まで変革したいところですが、現実には限られた時間、限られたリソースで最大の成果を出すことになります。そのためには、プライオリティを付けて解決課題を絞り込む必要があります。

(1) 変革ポイントのプライオリティを付ける

まず一旦前述のToBeをもとに解決のポイントを洗い出しましょう。

(図) 営業プロセスごとに変革のポイントを抽出

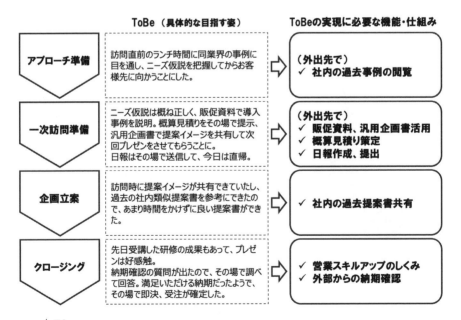

これらの変革ポイントをいくつかの評価基準をもとにプライオリティ付けを行います。評価基準としては、成果へのインパクト、変革可能性、その他制約（時間やコストなど）、自社親和性が考えられます。

（図）評価のフレームワーク

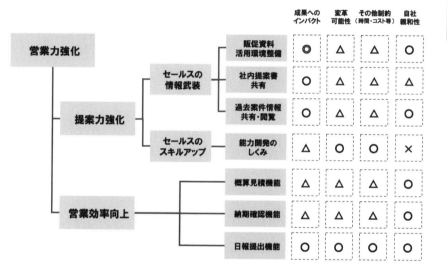

	成果へのインパクト	変革可能性	その他制約（時間・コスト等）	自社親和性
販促資料活用環境整備	◎	△	△	○
社内提案書共有	○	△	△	△
過去案件情報共有・閲覧	○	△	△	○
能力開発のしくみ	△	○	○	×
概算見積機能	△	△	△	○
納期確認機能	△	△	△	○
日報提出機能	○	○	○	○

しかし、これらは顧客の本質的ニーズを満たすためには必要な要件なので、最終的にはすべてクリアすることを目指します。ただし、いきなりすべてを変革するのが困難な場合、評価結果をもとにフェーズを分けて当面目指すべき変革、最終的に目指すべきゴールといった形でシナリオを描くことも有効です。

（図）戦略シナリオ

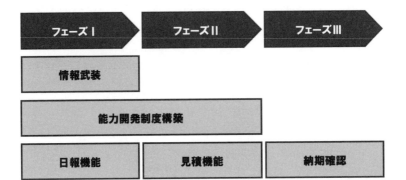

解決課題評価シート

課題・構造・しくみ	成果 インパクト	変革 可能性	その他 制約	自社 親和性	取組指針

第5章

STEP.3
ソリューション仮説構築

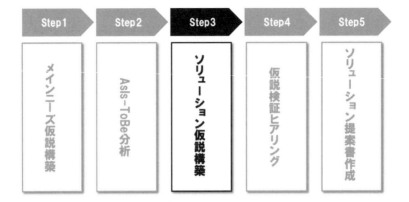

Step1	Step2	Step3	Step4	Step5
メインニーズ仮説構築	AsIs-ToBe分析	ソリューション仮説構築	仮説検証ヒアリング	ソリューション提案書作成

いよいよソリューションを考えるステップです。ここまでのステップで明らかになってきた顧客企業のニーズを満たすソリューション案を様々な視点で考えてみましょう。

1. ソリューションとは何か？

そもそもソリューションとは何でしょうか？それを考える前に、次の提案について考えてみます。これらはそもそもソリューション提案と言えるでしょうか？

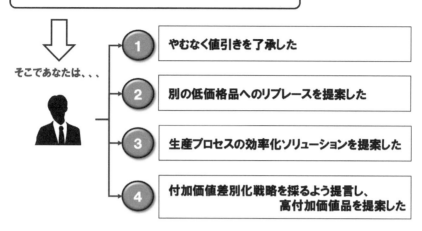

　あなたは原材料メーカの営業です。これまで納入してきた原材料について、お客様から「もっと納入価格を安くしてほしい」と言われました。営業を担当するあなたはどのような対応をするでしょうか？

【パターン1】やむなく値引きを了承した

　お客様から値引き交渉をされたら、なかなか断りにくいですよね。これまでの付き合いもあるし、今後商売が続くなら値引きもやむを得ないとする営業の方は多いと思います。しかし、これでは自社の利益を犠牲にしているだけで、さすがにソリューション提案とは言いがたいですよね？

【パターン２】別の低価格品へのリプレースを提案した

値引きはできないけど、これまで納入している原材料のうち、低価格品に置き換えができるものがあれば、そのリプレースを提案することはできるかもしれません。こうなると単純値引きよりは気の利いた提案と言えそうです。

【パターン３】生産プロセスの効率化ソリューションを提案した

そもそもお客様の値引き交渉の目的を考えてみましょう。原材料の低価格化ということは、製造原価のコストダウンと言えそうです。そうすると仕入原価の低減以外にも生産プロセスの効率化でもその目的は達成できそうです。それも値引き交渉よりも大きなコストダウン効果が得られるかもしれません。

【パターン４】差別化戦略を採るよう提言し、高付加価値品を提案した

こうなるとまさに経営トップに対する戦略提言です。価格交渉にあたる購買担当者の目線ではなく、経営トップの目線でより高い視座で提言を大なう必要があります。当然ハードルは高いですが、これがヒットすればこのお客様とは戦略パートナーとして深いリレーションが構築できるに違いありません。

上記の例をもとに、ソリューションについて考えてみましょう。そもそもソリューションとは「解決」と直訳できます。つ

まり、「顧客が抱える困りごとを解決すること」と読み取ることができるでしょう。

そう考えると、パターン1の単純値引きだって、その結果お客様の困りごとが解決すれば「ソリューション」なのです。しかし、これでは競合もマネができるし、顧客の期待を上回ることはできませんよね。要するにソリューションレベルが低いと言わざるを得ません。

お気づきのとおり、パターン2、3、4と進むにつれてソリューションレベルが上がっていきます。パターン2の「低価格品へのリプレース」は顧客や競合も気づいていない新しい提案につながっているかもしれないし、パターン3の「生産プロセスの効率化」では、仕入原価低減より大きなコストダウン効果が期待できるかもしれません。パターン4では、そもそもコストダウン競争に巻き込まれない提言として、お客様にとって自社が戦略パートナーとしての立ち位置を確立できるかもしれないのです。

このように、ソリューションを考えるポイントは、顧客が実現したいと思っている目的を明確化することにあるわけです。ニーズの概念で説明した通り、顧客が望んでいるのは目的としての戦略の具現化です。そのための手段を多面的な視点で考えてみましょう。

2．ソリューション事例　ホギメディカル

　ここでひとつソリューション提案の事例をご紹介しましょう。

> 　ホギメディカルという医療用品メーカがある。主力製品は医療用不織布製品で、具体的には手術用のガウン、キャップ、マスクなどが挙げられる。これまで手術着は手術後洗浄して再利用していたが、ホギメディカルはこれらを使い捨てにし、これによって洗濯の手間をなくし、感染リスクを抑制した。
>
> 　さらにホギメディカルの成長をもたらしたのは、1994年にスタートした手術用品の使い捨てキット化である。このキット製品はホギの製品だけでなく、他社製品である注射器、メス、縫合糸などが含まれ、手術に必要なモノが全て揃っていた。これによって手術用品の準備に関わる看護師の労力は大幅に減り、ミス防止、感染防止につながった。これは手術、さらには病院経営の収益改善に大きく貢献することになったのである。

　この事例をこれまでのソリューション提案のプロセスにあてはめて考えてみましょう。

救急病院の当時の現状（AsIs)

- ✔ 手術需要は年々増加傾向にあり、効率的に手術を行うことは病院経営にとって非常に重要。
- ✔ 手術準備は看護師がリストを見ながら、必要となりそうな器具、材料を手作業でそろえていた。この作業には手術に関わる経験が必要で、ベテラン看護師が数人で数時間かかることも。
- ✔ しかも看護師は重労働であることもあって、常に人手不足。
- ✔ このような状況下にあって、手術はこなしきれず、病院経営としての収益力強化には限界

このような現状（AsIs）に対して、ホギメディカルのキット製品は病院経営をどのように変えることになったのか？（ToBe）を考えてみましょう。

使い捨てキット製品がもたらした状態（ToBe）

> ✔ 手術準備時間の大幅短縮とともに、一部残された手術準備業務は看護助手に移行、看護師が準備作業から解放された。
> ✔ 年々拡大する手術需要に対して、人員を増やさずに手術キャパを拡大し、対応することができた。

➤ ホギメディカルの環境（2000年当時）

- ✓ 自社は、手術用具を扱う医療機器メーカー
- ✓ 手術用のガウンやキャップ、マスク、手術用かんしなどを取り扱う。
- ✓ 顧客である救急病院では、医師も看護師も忙しい
- ✓ 病院では、「手術回数」が多いほど儲かる構造
- ✓ 手術には、「手術準備」「手術実施」「手術後の後片付け」のプロセスがあり、特に準備と後片付けで看護師は忙しい

自社取扱品（かんし）

※それ以外は
他社品

自社品（キャップ）

自社品（マスク）

自社品（ガウン）

※それ以外は
他社品

病院は必ずしも収益のみが目的ではなく、社会的な役割、存在意義も大きいものです。しかし、このホギメディカルのキット製品は社会的な要請でもある手術需要の拡大に対応し、同時に病院の収益力を向上させる有効なソリューションとなったことに違いはないでしょう。

➢ 病院向けに手術用具（医療材料）を一式纏めて納品、回収

・病院の経営改善に対するソリューションを提供して
2ケタ成長を遂げた

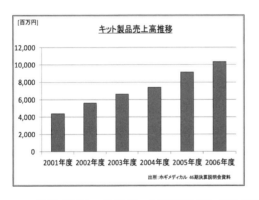

キット製品概要

コンセプト
ターゲット：急性期病院向け
シーン：手術の準備で
ベネフィット：必要な用具一式を纏めて準備・・・看護師の手間の低減と、手術の安全性・効率向上

具体的な製品
手術に必要な用具一式
・自社製品、他社製品に関わらず、必要なものを一式納入、回収
・滅菌処理、等安全措置

手術用具の「洗浄・減菌時間」「用具揃え時間」をゼロにした

この構造を目的で表すと下図のように整理できます。本質ニーズ（上位目的）を明確にし、それを具現化する手段を一歩一歩考えていくことでソリューションは見えてくるのです。

> **病院経営の本質的なニーズ（上位目的）を構造的に掘り下げることで、よいソリューションが見えてくる**

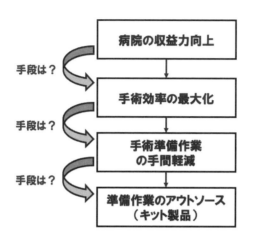

	Opt.1	Opt.2	Opt.3
本質ニーズ 戦略・方針 テーマなど	収益力向上を目指して、高収益である手術収入増のために手術キャパを拡大する	収益力向上を目指して、間接業務コストの圧縮をはかる	来院患者のCS向上を通じて、売上を拡大する
根拠 T/D, B/U アプローチ 等の情報	手術収益力●%（全体平均▲%に対し）　※医療報酬点数表添付 手術希望者は多いが、キャパ不足で受け付けられていない	人件費が上昇しており、利益圧迫 業務フローは古くからの慣習にならっており、合理化、省力化などに取り組んでいない	ドクターにはサービス意識が日吐くない人も多く、CSには改善余地が大きい ただし、診療キャパ限界に達しているかもしれない
顧客の重要度に関わるコメント	キャパ不足は深刻 看護師は慢性的に不足 その結果、ハードワークを強いられ、定着率も悪い（●%）		
自社の適社度に関わるコメント	手術用品を扱う自社で解決できる領域大きい 一部他社商材を扱うことが必要		

3．ソリューション検討時の留意点

（1）オープン思考

　ここで注目すべきは、ホギメディカルのキット製品は、自社製品のみならず他社製品も含めてキット化したことです。目的は顧客病院の経営効率化であり、手術効率化です。したがって、ガウン、キャップ、マスクのみをキット化しただけでは手術の効率化には程遠いですよね。つまり真のソリューションを目指すためには、自社でできることに限定せず、外部のあらゆるプレイヤーのリソースを活用して、顧客のあるべき姿の具現化に貢献することが求められるわけです。ホギメディカルの例では、あらゆる手術用品をキット化することで初めて手術の効率が飛躍的に向上し、病院経営に貢献できるということです。

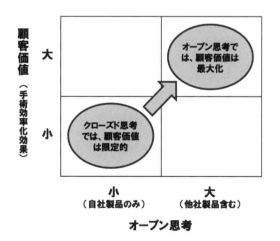

しかし、私たちは意外と自社視点に縛られていることが多いようです。つまり、自社で出来ることのみを考えてしまいがちです。自社リソースでできることに限定せず、他社のリソースも検討に加え、真に顧客の困りごと解決に取り組みましょう。ソリューションは徹底した顧客視点に立脚することが求められるわけです。

（2）トータルソリューション

　このホギメディカルのキット製品は、その後2004年に物流と情報の機能が強化され、「オペラマスター」というサービスとして更に進化を遂げています。キット化された製品は前日に納入され、病院の在庫コストを最小化しています。また、手術室の利用時間、材料の使用状況、スタッフの配置などの情報を分析し、手術室の効率的運営を支援しています。

　つまり、キット製品は主に看護師の手間を減らすことを目的としていたのに対し、オペラマスターはさらに広い視点で手術効率の最大化を目指してトータルソリューション化を図ったわけです。この例のように、ひとつのソリューション提案による小さな成果に甘んじることなく、より大きな価値提供を目指して様々なソリューションを組み合わせて提案することを考えていきたいものです。

➤ **焦点は本質ニーズ（上位目的）にフォーカスし、その具現化のために貢献できる手段を徹底的に洗い出して、トータルソリューション化を図る**

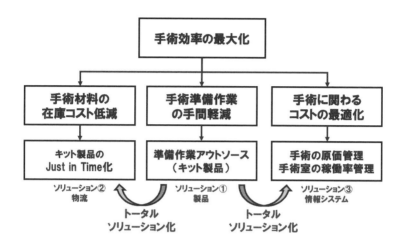

（3）オプション思考（再）とアイディア発想

　ここで改めてオプション思考について触れておきたいと思います。ソリューションにも様々なアイディア、オプション（選択肢）があります。ここではまずアイディアを広げて考えてみましょう。

　ここでアイディアの発想法について解説しておきます。一般によく用いられる方法として「ブレインストーミング」が挙げられます。皆さんも使ったことのある方は多いのではないでしょうか？ある程度の人数が集まってアイディア出しのミー

ティングを行うものです。この通称ブレストは、他の人のアイディアに触発されて、別の人のアイディアが広がり、多様なアイディアが生まれる効果を期待するものです。

　ただし、ブレストにはルールがあります。それをよく理解して活用しましょう。

ルール①　質より量

　これまでのプロセスで発見された顧客の困りごとは過去にも指摘されてきたものも多いでしょう。これまでも問題視され、顧客社内でも様々な取り組みがなされ、それでもなお未だに解決せずに残されているものとも考えられます。そんな状況にある顧客に提案をするわけですから、今までにはない斬新なアイディアが求められるはずです。この斬新なアイディアを生み出すためには、まずアイディアの質よりも量を追求すべきです。

　最初に出てくる5〜10個のアイディアは、これまでも誰かが考え、場合によっては実行したことがあるものかもしれません。20〜30個あたりまでくるとだんだんアイディアを考えるのが苦しくなってきます。50〜60個となってくるともう苦し紛れです。ひねり出されたアイディアは馬鹿げた現実離れしたものも多いでしょう。しかし、そんな中にきらりと光る原石のようなアイディアがあるものです。苦しくてもあきらめずにま

ず量を追求して考え抜いてみましょう。

ルール②　批判禁止

　次のルールは批判禁止です。実行できない理由、効果が出ないリスクなど、マイナス面を挙げたらきりがありません。批判や評価はメンバーの自由な発想の妨げになってしまいがちです。ここではまず数を上げることが目的です。評価をするのは次のステップで行いますので、ブレストではアイディアを広げることにのみ専念して欲しいところです。どんな馬鹿げたアイディアも「いいね！」と歓迎して受け止めるような空気が欲しいところですよね。

ルール③　自由奔放

　人間は、意外と様々な制約のなかで発想しているものです。最もよく見られる制約は「実現可能性」です。もちろん最終的には実現できることを考えなければならないのですが、最初のアイディアはそれに縛られすぎず、自由奔放に考えたいものです。

　また、自社がやるべきことか？自社にできるのか？といった自社クローズド思考も制約のひとつです。こういった制約を外し、妄想でも良いからあるべき姿を考える、徹底して顧客目線で考えることが必要ですね。

ルール④　結合改善

　質より量、批判禁止や自由奔放で構わないのは、最後にこの結合改善を前提としているからです。どんなに現実味のない突拍子もないアイディアであったとしても、最後はそれを実行可能なものにし、効果が期待できるように結合改善することを考え抜きましょう。

　最初のアイディアが馬鹿げたものであるほど、今までにはなかった斬新なソリューションを生み出すきっかけになるかもしれません。

(図) ブレストの４つのルール

➢ アイディア抽出は量にこだわることによって、多様性のある案を出すことが重要

質より量	批判をしない
思いつきレベルでとにかく発言をする	人の意見にマイナス意見を言わない

固定概念を疑う	結合改善
これまでの枠にとらわれない斬新な発想	他人のアイディアに便乗する

こういったプロセスを通じて考え出されたアイディア、選択肢はそれぞれ効果が期待できるものばかりかもしれません。しかし、現実には何から何まで実施するわけにもいきません。そこで実施を提案する具体策は絞る必要があります。その判断基準としては投資リスク、期待効果が挙げられるでしょう。特に期待効果についてはこれまでの取り組みについて十分情報収集が必要です。前述の通り「過去実施したが、効果がなかった」などといった落とし穴は、事前の情報収集によって防ぐことができるはずです。

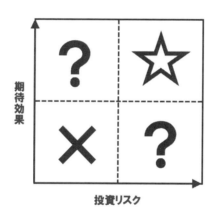

4．勝てるソリューションを考える

　ソリューション提案を考える際に、もう一つ意識しておきたいことは競争優位性です。どんなビジネスにも競争が繰り広げられています。ここでは勝てるソリューション提案を設計するためのポイントを挙げておきます。

（1）そもそも競合とは何か？

　まず勝てるシナリオを描くためには、あらかじめ競合を想定し、どのような提案との競争になりそうかをも考えておきたいところです。その際、まず押さえておきたいのは競合の考え方です。そもそも競合とは何でしょうか？最もイメージしやすいのは「同業他社」でしょう。同じような立場から提案をする競争相手となります。しかし、それだけではなく「代替品」と言われる競合も存在します。これは顧客のニーズを満たす別のカテゴリーの商材（ソリューション）です。

　例えば、人材派遣の競合は誰でしょうか？もちろん同業の派遣会社は競合です。しかし、ここでは顧客視点で考えて欲しいのです。仮に急成長を遂げている企業が業務キャパを拡大するために人材派遣を活用しているとします。しかし、その企業にとっては他の選択肢として情報システム導入によって業務処理

の自動化で対応するという方法もあります。この場合、広義の競合としては情報システム会社も視野に入れておかなければなりません。

　改めて、ここで競合を定義するなら「顧客にとっての選択肢」と捉えておきたいところです。

（2）自社リソース評価と外部リソース活用

　最終的に顧客に評価、支持されるソリューション提案を考えるためには競争に勝つことが必要です。そのためにもまず自社のリソース評価をしておきましょう。

　その評価の視点としては主に下図を参考にして下さい。この視点から強み／弱みを抽出することになります。ここでのポイントは、強み弱みというものはあくまで相対的なものなので、戦うべき競合が変われば強み弱みも変わるということです。したがって前項で述べたように、しっかり競合を特定し、相対的な視点から強み、弱みを明確化することが必要となります。

強み・弱みを抽出するリソース視点

> ヒト（マンパワーなど）、モノ（生産設備など）、カネ（投資資金など）
> 技術（開発力など）、スキル（各種運用スキルなど）、情報（顧客基盤）
> ノウハウ（コンサルノウハウなど）、ブランド（認知度など）
> チャネル（販売網、調達網など）、実績（導入先、エビデンスなど）

強みと弱みが明確になってきたら、改めて強みをできるだけ活用したソリューションを考えていきます。基本ソリューションは競合も同様の提案をしてきたとしても、さらに自社の強みによって差別化されたプラスアルファが加わったトータルソリューションとなっていれば、おそらく競争には勝てるはずです。強みの活用は極めて重要な視点です。

　それに加えて、弱みについて克服する手段を考えておきたいところです。時間をかけて投資をし、弱みを克服するという考え方もあります。しかし、当面の対応として外部パートナーに目を向けてアライアンスを前提とした共同提案とすることによって弱みを補うことも検討したいところです。同業他社と競争になった場合、各社のリソースには大きな差がなく、競争優位の決め手がないことも多いものです。そんな時こそ異業種との連携を活かし、ユニークな提案で差別化を図りたいものです。

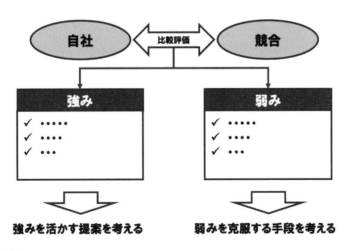

5．目標KPIの設定

　これまでの取り組みで提案すべきソリューション仮説は明らかになってきたことでしょう。このステップの仕上げとして、そのソリューションがもたらす成果を定量的に示しておきたいところです。もちろんこの段階で出来ることは仮説をもとに期待される成果を想定するにすぎません。しかし、BtoBマーケティングの領域で、顧客は経済合理性を求めがちです。定量的な成果が見える化されていることによって、強い訴求力につながることは間違いありません。

　以下、営業パーソン向けタブレット端末の導入に関して、その成果をシミュレーションしてみました。まず、このソリューションの価値について考えてみましょう。ここでは「時間効率を上げること」と「受注確率を上げる」「単価アップ」という価値を期待することができそうです。

　これらの価値を定量化してみます。この端末を導入することで一日の顧客訪問件数を3件から4件に増やせそうです。月間に換算すれば60件→80件の訪問件数増加となります。

　また、商談品質の向上によって、受注確率を50％から60％へと向上できそうです。同時に20万円から25万円への単価アップも期待できます。

　これらを総括すると、導入前の受注は600万円から1200万円

への拡大できることになります。

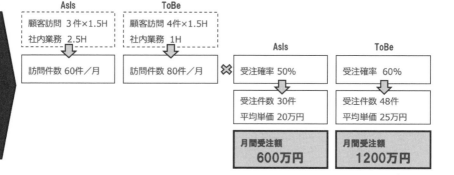

営業パーソン向けタブレット端末導入の成果シミュレーション（例）

機能
営業パーソンは隙間の時間を活用し、日報作成、見積もり作成、在庫チェック、納期確認などの業務をこなすことができる

商談中に様々な情報（商材詳細、導入事例、提案イメージ）を提供でき、その場で見積り、在庫確認、納期提示も可能

価値
就業時間をフルに顧客訪問に費やせる

商談品質が上がり、受注確率が上がるオプション追加の提案もできて、単価アップ

成果の定量化

AsIs
顧客訪問 3件×1.5H
社内業務 2.5H
↓
訪問件数 60件／月

ToBe
顧客訪問 4件×1.5H
社内業務 1H
↓
訪問件数 80件／月

✕

AsIs
受注確率 50%
↓
受注件数 30件
平均単価 20万円
月間受注額
600万円

ToBe
受注確率 60%
↓
受注件数 48件
平均単価 25万円
月間受注額
1200万円

　これが本当に実現できるかどうかはわかりませんが、可能であれば定量的な目標KPI（Key Performance Indicatior＝重要業績指標）を示しておきたいところです。

第6章

STEP.4
仮説検証ヒアリング

Step1	Step2	Step3	Step4	Step5
メインニーズ仮説構築	AsIs-ToBe分析	ソリューション仮説構築	仮説検証ヒアリング	ソリューション提案書作成

　これまでの取り組みで、事前に把握している情報をもとに顧客ニーズ仮説を立て、それを解決するソリューション仮説を立てました。これらはこの段階では仮説にすぎません。ここから顧客ヒアリングを行い、仮説を検証する作業がスタートします。

　ビジネスは情報戦です。日頃の顧客とのコミュニケーションを通じた情報収集も大切ですが、しっかり仮説を立て、その検証のためのヒアリングも定期的に実施したいところです。

　ヒアリングによって検証すべき論点を整理すると、二つに大別されます。ひとつは顧客ニーズ仮説に関する検証、もうひとつがソリューション仮説に関する検証です。これらの詳細を説明していきます。

1．ニーズ検証の論点

まず、顧客ニーズに関する検証ポイントです。4つの論点が
あります。

ニーズ仮説検証の論点

```
①  メインニーズのコンセンサス

②  現場の現状実態、そこに存在する問題点(AsIs)の明確化

③  目指す状態(ToBe)の実現で戦略・方針(ニーズ)が具現化するか

④  顧客の自助努力だけでは取り組みが困難か
```

（1）メインニーズのコンセンサス

最初に検討したメインニーズの確からしさを検証します。皆
さんが仮説として考えた戦略や方針は本当に正しいのか？社内
でコンセンサスが得られているのか？経営インパクトは大き
く、優先順位は高いのか？といった観点で検証していきましょ
う。

例えば、「営業パーソンの提案力強化」という課題は全社的
にコンセンサスが得られ、投資が計画されているのか？あるい
は、まだ部門内々の方針レベルなのか？単なる担当者の想いだ
けなのか？

特にメインニーズ仮説のレイヤー（階層）についてはきめ細かく検証したいところです。「提案力強化」よりもレイヤーを上げ、営業マネジメント強化も含めた「受注力強化」という目的に目を向けた方が良いのか？あるいはもっと具体化を図って「セールスの情報武装」という手段に焦点をあてた方が良いのか？

　このように顧客が取り組むべきと考えている課題設定の仕方を十分確認したいところです。メインニーズの確からしさを検証しましょう。

（2）現場の現状実態、そこに存在する問題点（AsIs）の明確化

　皆さんが仮説として考えたAsIs、つまり現場の現状実態、そしてそこに存在している問題点を検証しましょう。ここは事実で把握できるパートです。可能な範囲で事実情報をつかむことがポイントです。定量化できるものは定量データで把握したいところです。

　例えば、営業パーソンの一日あたりの訪問件数はどれくらいか？社内業務にどれくらいの時間が割かれているか？顧客訪問を阻害している要因は何か？などといった具合です。

（3）目指す状態（ToBe)の実現で、戦略・方針（ニーズ）が具現化するか

そして、目指す状態（ToBe）が実現すればニーズが満たされ、期待する成長ができるかを確認しなければなりません。陥りがちな過ちとして、成長を実現するには、そのToBeだけでは不十分で、他にも変革を遂げなければならない課題が残っている、などといったことが挙げられます。

例えば、営業の提案力を強化するためにはセールスの情報武装だけでは不十分で、同時に営業パーソンのスキルアップに取り組まなければ提案力強化にはつながらないといった状況が考えられます。要するに、戦略や方針の具現化に向けて必要十分なToBeになっているか？ということですね。

（4）顧客の自助努力だけでは取り組みが困難か

また、忘れてはならない検証ポイントは「顧客は本当に困っているのか」という点です。そもそもソリューションの定義に「顧客の困りごと」という表現を使いました。自社の自助努力だけでは実現できずに困っているという状態にあることが望ましいわけです。

営業パーソンの情報武装をするにしても、セールスマニュアルなど紙ベースのツールでは限界があり、タブレットなどの

ITツールの導入がどうしても必要。スキルアップに取り組むにしても教育のノウハウがなく社内だけでは効果的な研修も難しい。そんな状態であればこそ、外部にソリューションを求めることになるはずですよね。

以上、４つの論点をきめ細かなヒアリングによって情報収集、仮説検証をしていきましょう。

2．ソリューション仮説検証の論点

次にソリューション仮説の検証論点です。こちらの検証論点は２つあります。

ソリューション仮説検証の論点

> ① ソリューション導入によって成果につながる可能性が高い
> ② 導入にあたって制約がなく、実行可能である

（1）ソリューション導入によって、成果につながる可能性が高い

当然のことですが、そのソリューションが成果につながることを検証しなければなりません。例えば、成果を出すためには、そのタブレット端末にどのような機能が必要なのか？その

機能だけで提案力は強化され、十分に成果につながるのか？また、他のソリューションも組み合わせることでより成果につながることはないか？といった検証が必要となります。

　この検証ヒアリングを通じて、今考えているソリューション仮説をベストソリューションに磨き上げることを目指しましょう。

（2）導入にあたって制約がなく、実行可能である

　そのソリューション導入にあたってバリアとなるような制約はありませんか？ここには顧客サイドの制約と自社サイドの制約が考えられます。顧客サイドの制約とは、資金的制約（予算不足、予算執行時期）、物理的制約（設備スペース限界）、制度的制約（社内制度との非整合）、文化的制約（抵抗勢力の存在）などが考えられます。自社サイドの制約としてはリソース不足が挙げられるでしょう。ノウハウがない、マンパワーが足りないなど、導入の障害になるものがないか、これらはヒアリングとは別に社内のリソース確認が必要です。このように、ソリューションとしては効果的かもしれないが、現実的に導入は難しいといったことは起こりうるのです。

3．ヒアリングの準備

これらの論点を検証するために顧客ヒアリングを行います。そのための準備作業を整理しておきましょう。

（1）既知情報と未知情報の整理

まず、既知情報（わかっていること）と未知情報（わからないこと＝あくまで仮説）をしっかり判別して整理しておきましょう。それらは論点ごとに整理しておくとよいでしょう。

基本的なスタンスとしては、わかっていることはしっかり見える化して共有すること。そしてわからないことはわからないままにせずに、積極的に仮説を立てること。改めてそれらを整理するためにワークシートを示しておきましたのでご活用下さい。

▷ 情報整理ワークシート

	既 知	未 知（＝仮説）
メイン ニーズ	メインニーズを導き出した根拠情報を整理しておく	社内でのコンセンサス状況など
AsIs	事実情報としてはわかっていることを整理しておく	想定される現状や問題点など
ToBe	社内外に向けて明らかにされている方針 顧客担当者の言葉など	想像される目指すべき状態 課題解決のために必要な状態
他	顧客の自助努力で実現できない事情 明確に示されている困難な理由、制約など（顧客担当者の言葉などから）	想定されることのできない状況

（2）ヒアリング対象者の掌握

1）意思決定に関わる立ち位置

　次に検討しなければならないのは「誰にヒアリングする
か？」です。重要な情報を握っているキーパーソンを見極めな
ければなりません。ここでDMUというキーワードを説明して
おきます。DMUとはDicision Making Unitの略で、日本語で
表現するなら意思決定に関わるキーパーソンと言えば良いで
しょう。BtoBマーケティングで難しいポイントのひとつとし
て、意思決定のしくみが複雑で、多くの人たちが様々な立場で
関わってくることが挙げられます。概ね以下の立場のプレイ
ヤーが意思決定に関与してくることが多いでしょう。

DMUタイプ	役割	（例：生産設備購入の場合）
ディサイダー （意思決定権者）	仕様/ソリューション選定の決定権者 通常決裁権限者だが、権限が非公式に委譲されている場合もある	生産技術部門長
ユーザー	導入ソリューションの使用者 BtoBでは、購入者と異なる場合も多い	製造部門作業者
バイヤー	購買窓口 取引条件の交渉、手続きなどを行う	購買部担当者
チェッカー	客観的に案件を進めても問題ないか 評価、牽制（予算確認、リスク回避）	経理部門 執行役員
インフルエンサー	購買プロセス、導入決定に直接、間接的に影響を与える人	設計部門

2）DMUマップの描き方

　この全体像を示したものがDMUマップと呼ばれるものです。DMUマップの作成にあたっては、ソリューション導入の意思決定に何らかの形で関与しているプレイヤーすべてを洗い出します。そして、意思決定の流れ、各関与者の立場、関心事、影響力などを明らかにします。次に示すのは生産設備導入に関わるDMUマップの例です。

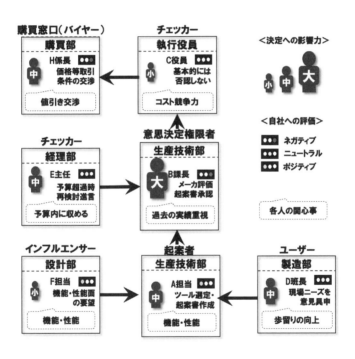

生産設備の導入は生産技術部の担当者の手によって稟議書が作成されます。その際、まずユーザー部門の製造部へのヒアリングを行います。同時に設計部門の意見にも耳を傾けています。

　担当者が作成した稟議書は上司である生産技術課長が承認します。その際、経理部と予算の調整を行っています。予算が確認できたら執行役員に稟議が回り、そこで最終決裁となります。その後、購買部が窓口となり、設備メーカとの折衝を行うことになります。

　前述のこの意思決定の流れには7人の顔ぶれが登場しました。これらが意思決定関与者です。それぞれ意思決定に及ぼす影響力が大きい人もいれば小さい人もいます。各自が気になる関心事も様々です。場合によっては、自社に対する評価も異なるでしょう。こうした現実をしっかり把握しておくことが必要となります。

3）ヒアリング対象者選定のポイント

　DMUの構造を明らかにしたうえで、ヒアリング対象者を特定していきます。その際、一人のキーパーソンへのヒアリングだけでは不十分です。前述のとおり、立場によって持っている情報やモノの見方、評価が大きく異なります。必ず視野を拡げて、複数のキーパーソンにヒアリングを行っておくべきです。

その視野の拡げ方には「タテのライン」と「ヨコのライン」があります。

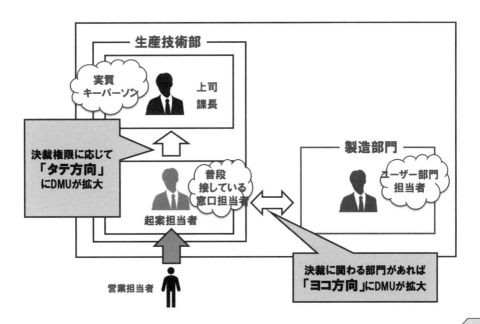

タテのラインとは、担当者とその上司の立場のことを指しています。日頃担当者と密接にコミュニケーションをとっていたとしても、マネジメントに携わる上司の立場では持っている情報やモノの見方、捉え方は異なります。マネジメントの立場で感じている課題、その優先順位などは現場の担当者とは異なっているかもしれません。ましてやその上司が最終意思決定に大きな影響力を持っているとなれば、マネジメント層へのヒアリ

ングは不可欠でしょう。

　反対に、現場の現状実態、ソリューションに対する要求仕様などについては、マネジメント層より現場担当者の方がよく理解しているかもしれません。つまり、現場担当者とマネジメント層の両方にヒアリングしなければ提案に必要十分な情報が得られない可能性が高いのです。裏を返せば、両者にヒアリングすればそれぞれから有益な情報が得られることになります。

　ヨコのラインとは、関連する別部門の存在です。例えば、生産技術部が起案し、決裁をするとしても、それを実際に使用する現場である製造部門の現実を知らなければ良いソリューションを提案することはできないでしょう。利用部門の業務実態（生産工程など）を事実として把握し、そこにいる使用者（生産ラインの作業者など）が抱えている困りごとを理解しなければなりません。ソリューションを考えるためには、現場の利用者の心情に寄り添う必要があるのです。

　一方で、起案部門や管理部門の声も重要な意味合いを持っています。これらの部署では、様々な投資案件に優先順位をつけ、どの課題から着手すべきかを評価する役割を担っているかもしれません。あるいは、目先の困りごとを解決するより、もう少し中長期的視点から物事を考えているかもしれません。やはりこれらヨコのラインにも視野を拡げて情報収集に取り組む必要がありそうです。

私たち、あるいは自社の営業が日頃接している顧客は、役職や部門に偏りがあるものです。想像以上に顧客（現状実態や本質ニーズ）の全体像がつかめていないことが多いものです。この際、一度DMUマップを描いて自分が把握しきれていないキーパーソン、面識のないキーパーソンを明らかにしましょう。まずは、そういったキーパーソンを紹介してもらうなどして、情報戦はスタートするのです。

（3）ヒアリングシナリオの設計

　ここまで情報が整理されてきたら、ヒアリング全体の流れを考えてみましょう。基本構成はイントロがあって、そこから本論（ボディ）に入っていくことになります。

1）イントロ

　イントロでは、コミュニケーションをとりやすい空気づくりをすると同時に、今回のヒアリングの主旨を伝えます。主旨としては「お客様への貢献を目指して」という意味合いをしっかり伝えておきたいところです。また、「場合によっては答えにくいこともお尋ねすることがあるかもしれません。そんな時には答えられないとおっしゃってください」と念を押しておくと良いでしょう。その方が当方としても遠慮なく、何でも尋ねられますよね。

2）ボディの流れ

　イントロでコミュニケーションの下地が整ったら、いよいよ本論に入っていきます。様々な質問を投げかけて仮説を検証していくわけですが、まずは相手にとって「答えやすい」質問から尋ねるのがセオリーです。質問には答えやすさというものがあります。ボディのシナリオの鉄則は「答えやすい質問」から入り、徐々に核心を突く質問に移行していくこと、です。核心を突く重要な質問は答えにくいものになる傾向があるからです。

　答えやすい質問、答えにくい質問とはどのようなものでしょうか？以下にその分類を掲げます。

通常自社固有の社内情報などは語りにくいところです。そんな時には業界全般の一般論を聞いてみるとよいでしょう。「御社の原価率は何％ですか？」だと答えられなくても、「業界全般として原価率はどれくらいなんですか？」なら答えてもらえる可能性が出てきますよね。

　また、質問にはクローズドエンドとオープンエンドがあります。クローズドエンドとは「Yes/No」あるいは選択肢で答えられる質問です。オープンエンドはフリーアンサーで答える質問ですね。当然クローズドエンドの方が答えやすいはずです。

　回答として事実を確認したいのか？相手の主張や意見を聞きたいのか？によっても回答のしやすさは変わってきます。まずは事実を確認することから始めるのがヒアリングのコツです。

　内容や回答者の個性にもよりますが、自社の良い点の方は積極的に答えやすいでしょう。一方、問題点などマイナス面を語るのは、どうしても抵抗感が生まれやすいものです。

　このような点を留意しながら、気楽に回答しやすい質問から尋ね、相手に気持ちよくしゃべってもらうことが肝要です。しかし、答えにくい質問であったとしても、最終的には核心をつく重要な情報は持ち帰らなければなりません。ヒアリング時間の前半は喋りやすい空気感をしっかり作るためのアイスブレイクと割り切っても良いくらいです。

これらの組み合わせで問いかけのシナリオを考えてみましょう。

　まず、営業部門の課題仮説として「営業パーソンが顧客訪問に十分な時間を割けていない」という問題意識を挙げたとします。そしてその原因として「社内業務が忙しく、その処理が負担になっている」という仮説を立てました。これをクローズドエンドとオープンエンドを組み合わせて検証するなら、以下のような問いの流れが考えられます。

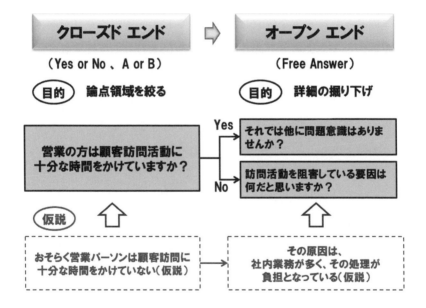

まず、クローズドエンドで「営業の方は顧客訪問活動に十分な時間をかけていますか？」と現状の実態を確認します。これは論点の領域を絞って問題の所在を明らかにする問いです。「No」つまり仮説通りに十分な時間をかけていないと回答があれば、次にオープンエンドで「その原因は何だと思いますか？」と問題の詳細を掘り下げ、原因について言及していくことになります。

　この際、質問形式を「仮説の裏返し」にならないように注意したいところです。「仮説の裏返し」とは、上の例で説明するとオープンクエスチョンの部分を「訪問活動を阻害している要因は社内業務の負担が大きいことにあるのではありませんか？」といったクローズドクエスチョンで尋ねてしまうパターンです。これはいわゆる誘導尋問ですよね。明らかにこちらが期待している回答を導いてしまいます。

　適切な回答を得るためには、問いかけ方にも十分に留意したいところです。中でも、注意を要するポイントとしてアンカリングが挙げられます。アンカリングとは、冒頭の質問や回答のやりとりが、その後の回答に影響を及ぼし、適切な回答が得られなくなる現象のことです。
　アンカリングには２つのパターンがあります。ひとつめは人の心理として、最初の発言と矛盾が起こらないように無意識の

うちに話のツジツマ合わせをする傾向によるものです。例えば、最初に「提案力を強化するためには、タブレット端末の活用と提案スキルアップの研修が考えられますが、優先順位をつけるとすればどちらが重要ですか？」と尋ねたとします。顧客はあまり深く考えず直感的に「タブレット端末かな～」などと答えてくれました。一度、タブレット端末と回答してしまうと、それ以降の会話もタブレット端末導入のメリットを強調するように語り続けることになりやすいのです。

　もうひとつのパターンは、これまでの質問のテーマによって、回答者の視野が狭まってしまう傾向を示します。例えば「物流機能のキャパに問題はありませんか？」「物流業務は自動化されていますか？」「物流コストは上がっていませんか？」など物流について質問が続いた後、「御社の重要な経営課題は？」と尋ねられれば「やっぱり物流機能の強化ですかね」と誘導されてしまうでしょう。これまでの受け答えから物流に対する問題意識が高まってしまっているのです。

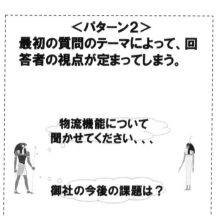

　この２つのアンカリングによって判断がゆがめられ、誤った意見を誘導してしまうことになります。質問の順序、話の流れを考える際に留意しておきたいポイントです。

　ヒアリングのシナリオが固まってきたら、次のようなワークシートにまとめます。ヒアリング実施時には、このワークシートを使って進行すると良いでしょう。

第6章
STEP4.
仮説検証ヒアリング

ヒアリングシート

大項目	小項目	論点	仮説	備考
必須ソリューション			発送業務担当者を人材派遣	
今後の経営方針	業績	業績推移は？	好調に推移（前年比二桁成長）	定量的に把握
		今後の市場動向の予測は？	20％成長	市場調査より
	課題	自社の経営方針は？	一気に規模拡大にチャレンジ	
		プロモーション課題は何か？	月末のTV通販豊栄	
		バックヤード業務の実態は？	キャパが追いつかない ミスの発生が頻発	仮説は2つ
発送現場の問題	キャパ	現在の業務フローは？	人手に依存	
		人員体制は？	かなり限定的（5〜6人程度）	
		業務繁閑の格差は？	かなり大きい（月末に集中？）	
	解決策	システム導入可能性は？	投資は抑制したいはず	
		人材派遣の可能性は？		
		…	…	

4．ヒアリング計画を立てる

　これらの事前準備が整ったら、具体的なヒアリング計画を立てましょう。「そのうち訪問することがあるから、その時にヒアリングすればいいや」とゆったり構えていると、ずるずる時間ばかりが過ぎてしまいます。こういった取り組みは、計画的にスケジュールと役割分担を決めて一気に行いたいものです。

> ➢ 行動計画（例）

月	日	行動	担当	備考
10	1～5	仮説最終化	山田	
	1～5	ヒアリングリスト作成、ヒアリング依頼状作成	鈴木	
	1～10	アポ獲得	各担当	
	10～31	ヒアリング実施、レポート作成	各担当	
	20	共有・仮説改善会議（1）	全員	
	31	共有・仮説改善会議（2）、随時ヒアリング先追加	全員	
11	1～5	追加ヒアリングアポ	各担当	
	5～20	追加ヒアリング実施	各担当	
	15	共有・仮説改善会議（3）	全員	
	20～30	仮説レポート作成	山田	

> ➢ ヒアリングリスト（例）

社名	部署	氏名	担当	アポ	備考
Ace製作所	研究開発部	渡辺様	山田	10/11	
	研究開発部	田中部長	〃		月末まで待ってほしい
	人事部	藤田課長	〃		
Best工業	コールセンター	渋谷様	山田	10/18	
	マーケティング部	小野課長	〃		
Challenge精機	営業本部	山下様	鈴木	10/20	
	営業企画部	田口部長	〃		
Delux商事	営業1部	宮田様	原	10/13	
	営業2部	川口部長	〃	10/13	
	営業企画部	秋田課長	〃		

5. ヒアリング実践テクニック

・・

　ヒアリングではシンプルに仮説をもとにわからないことを尋ねればよいのですが、実は様々な落とし穴や上手に情報を引き出すテクニックがあります。本項では、その技法を解説していきます。

（1）情報の掘り下げ

　日常のコミュニケーションには様々な落とし穴があります。ヒアリングではその落とし穴を理解し、顧客が回答してくれた内容についてさらに掘り下げ、問いを重ねて理解を深めていかねばなりません。それによって顧客が抱えている現状や課題、解決方針などが明らかになります。ここでよく見られる落とし穴として「決めつけ」「省略」「抽象論」「枝葉末節」を紹介しておきます。

1）決めつけ

　「○○すべき」「○○できない」といった具合に、本人の決めつけで語ってしまう現象を指します。「みんな頑張っているんだから、これ以上訪問件数を増やすのは無理ですよ」と言われて、あっさり訪問件数増をあきらめるのではなく、「できるようにするためには何を変えれば良いか？」という問いを立て、

発想を転換したいですね。

２）省略

　問いに対する顧客の回答は、無意識のうちに多くの情報が省略されているものです。「このままではお客様からの信頼を失いかねないですよ。」この回答では「このまま」という言葉が何を意味するか省略されています。具体的に「何を」「どのように変えないと」お客様からの信頼を失いかねないのか？を明確に把握する必要がありますよね。しっかり掘り下げ質問を投げかけましょう。

３）抽象論

　これは回答が抽象的な表現、曖昧な意味合いにとどまっているような状態を指します。「今、ウチの営業の問題点は、きめ細やかな対応ができないことなんです。」わかったようなわからないような回答ですね。「きめ細やかな対応」とは何でしょうか？具体的にどのようなアクションが足りないのか？やはりさらに掘り下げて問いかけていかなければなりませんね。

４）事象説明

　抽象論とは逆に、あまりに具体的な事象の話に終始しているようなケースです。「先日こんなクレームがあったんです。こういうことが今のウチの営業の問題なんですよ。」この回答は

問題が引き起こした事象を説明しているにすぎません。問題の本質がどこにあるのか？なぜそのようなクレームが発生してしまったのか？といったポイントについて明らかにしていきましょう。

　ヒアリングは一問一答で終わるものではありません。返ってきた回答に対して、さらに疑問が湧き、明らかにしなければならないことが発生する、そんな繰り返しです。回答が得られたと言って安易に満足するのではなく、顧客のAsIs-ToBeが100％理解できたとハラ落ちするまでしっかり問いかけを続けていきたいところです。

（2）モチベーションコントロール

　ヒアリングにあたって、顧客には気持ちよく語ってもらいたいところです。ひいてはそれが多くの情報、良質な情報を引き出すことにつながるし、お客様との関係性も深まることになります。これはヒアリングに限らないコミュニケーション技法ですが、常に相手に語ってもらうモチベーションを高める工夫をしたいですよね。ここでは５つのポイントを説明しておきます。

1）ノンバーバル

「バーバル」とは「言葉、言語」を意味します。つまり「ノンバーバル」とは言葉の内容以外の部分を指します。具体的には、抑揚、語気、表情、姿勢、立ち振る舞いなどが挙げられます。要するに、こういった見た目は話し手の心理に大いに影響を与えるのです。

2）リアクション

ノンバーバルのひとつですが、相手の話に合わせてうなずきや相槌、短いコメントなど、リアクションを起こしていますか？相槌とひとことで言っても難しいものです。毎回「なるほど」「なるほど」「なるほど」と単調に繰り返していたのでは機械的な返答で、血の通った対話とは思えなくなってきます。表情や動作も含めて豊かな表現力で話し手を動機づけてあげましょう。

3）リフレーズ

リフレーズとは単なる「オウム返し」です。相手が語った言葉やフレーズをそのまま繰り返して返します。「営業の提案力が足りないんですよね」という言葉に対して、「なるほど、弱みは提案力なんですね」と繰り返すイメージです。これは相手の話を受け止め、共感したシグナルです。話し手にしてみれば「しっかり伝わった、共感してもらえた」と安心して語り続け

る動機づけにつながります。

4）パラフレーズ

　パラフレーズは、相手の話の要点をとりまとめて返す技法です。語り手は必ずしも要点をわかりやすくまとめて語ってくれるとは限りません。思いつくがままに話し始めて、話が飛んだり、冗長になったりするかもしれません。そこで聞き手は「要するにあなたの言いたいことは○○ということですね」と結論を取りまとめてあげましょう。その結果、話し手の反応が「そうそう、それを言いたかったんですよ」とくれば、その先の話に進みやすいですよね。リフレーズは単なるオウム返しなので、誰でも手軽に使えますが、パラフレーズはその場で相手の言っていることを受け止め、理解、解釈して、それをとりまとめて表現するという作業を行わねばなりません。当然、思考力が求められ、難易度は高いですが、非常に強力なコミュニケーションの武器になります。是非、意識して使うよう心掛けてみましょう。

5）「Why？」のネガティブ効果

　「なぜ？」という問いかけは注意が必要です。とある営業会議でのシーン。こんなことってよくありますよね。

上司「なんで目標に対してこんなに大幅未達なんだ！」

部下「申し訳ありません。がんばっているんですが、、、」

　おかしなコミュニケーションですよね。「なんで？（Why？）」と尋ねられているのだから、本来は「なぜならば（Because）」と回答するのが正しい返答なはずです。しかし部下はいきなり謝っています。つまり、この「Why？」は叱責の意味合いを感じさせるのです。そしてつい言い訳を考えてしまう。それがあまり意味のない苦し紛れの言い訳だったりするのです。

　本当に論理的な原因分析をしたいのであれば、Why？を使わず、WhatやHowを使って尋ねましょう。「What？」＝「何が原因で問題が起きているのか？」、「How？」＝「どうすれば解決するのか？」といった問いで、建設的な情報収集に取り組みましょう。

（3）ヒアリング実施時の留意点

1）仮説に対する基本スタンス

　ヒアリングをした結果、仮説が否定されることもあるでしょう。もちろんそれは真摯に受け止める必要はありますが、だからといってあっさり仮説を完全に捨てる必要はありません。立場が変われば違った見方をする人もいるはずです。仮説を断念するにしても慎重な判断が必要です。しかし、逆に仮説にこだ

わりすぎてもダメですよね。しっかり検証して、断念すべき時は素早く新たな仮説を作りましょう。

2）ヒントだけでも持ち帰る

　親密な関係性ができている顧客だとしても、必ずしもすべての情報を語ってくれるわけではありませんよね。社外には明かせないこともたくさんあるはずです。しかし、語ってくれないからといって、あっさり引き下がるのではなく、ヒントだけでも良いから何か持ち帰りましょう。断片的なヒントでも複数のキーパーソンからひとつずつヒントをもらえれば、それを組み合わせてかなり精度の高い仮説づくりに役に立つと思います。

3）レポートは生情報で

　ヒアリングした結果は必ずレポート化してください。それも、ヒアリングした人の解釈や判断を加えずに、顧客が語ったことを生情報として記録に残すことがポイントです。ヒトの解釈は様々です。同じ情報を見ても、AさんとBさんでは全く異なる解釈をするなんて言うことはよくあることです。様々な人の解釈によって、魅力的なソリューション提案機会につながることが期待できそうです。

◆仮説検証型アプローチ◆

「仮説構築」という行為と「ヒアリング」という行動は並列で進められます。まず初期仮説を立て、ヒアリングをし、仮説をブラッシュアップし、またヒアリングする…。この繰り返しで精度を上げていきます。

「考える」＋「行動する」

実はヒアリングの質は事前準備、つまり仮説構築の品質で８割決まると言ってよいでしょう。安易に顧客ヒアリングに飛びつかずにしっかり仮説を立てることにエネルギーを注いでほしいと思います。

しかし、行動しなければ机上の空論にすぎません。じっくり考え抜いて、フットワークよく行動する。それがヒアリングの基本だと思うのです。

仮説はスパイラルアップ

仮説は新たな情報が追加されるたびに改善されていきます。つまり、最初に建てられた初期仮説は、一回目のヒアリングの結果を踏まえ改善され、２次仮説ができあがります。二回目のヒアリングを実施したら、その２次仮説を改善し、より磨かれた３次仮説を作ります。

そうやってヒアリングの都度仮説は磨かれ、スパイラルアップしていきます。つまりこの仮説検証のサイクルを素早く回すことがコツです。

第7章

STEP.5
ソリューション提案書作成

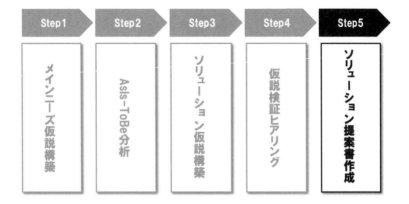

Step1	Step2	Step3	Step4	Step5
メインニーズ仮説構築	AsIs-ToBe分析	ソリューション仮説構築	仮説検証ヒアリング	ソリューション提案書作成

　本章では、最後のソリューション提案書の作り方を解説します。提案内容や商材特性、お客様特性に応じて、様々な提案書が考えられますので正解というものはありません。皆さんなりに工夫をしていろんな提案パターンにチャレンジして欲しいと思います。

1．コンセプトの立案

　コンセプトとは、提案書作成にあたっての指針、方針です。提案書を作成する前にコンセプトをしっかり整理しておきましょう。

目的・ゴール設定
➢ プレゼン終了時に顧客にどのような変化を起こしたいか？
➢ 期待している顧客の心理状態、具体的な行動など

オーディエンス分析	訴求ポイント分析
➢ 意思決定には誰が関わっているか？ ➢ 隠れたキーマンはいないか？ ➢ 属性、バックグラウンドは？ ➢ 情報レベル、知識レベルは？ ➢ 特に否定的要因はないか？	➢ 真に伝えたい「究極的メッセージ」は何か？ ➢ プレゼンの「訴求ポイント」、「売り」、「独自性」は何か？ ➢ 相手のベネフィットを明らかにする

（1）ゴール設定

　最初にゴールを明確にしましょう。ひとことで提案と言っても、様々な場面があります。一次提案としてまず相手の興味関心を引き付けるための提案もあれば、最終提案でまさにクロージングを図るための提案もあるでしょう。この提案で実現したいゴール、つまり提案相手の顧客の状況（どのような変化を起こしたいか？）を心理面、行動面から明確に描いておきたいところです。

（2）オーディエンス分析

　次にオーディエンス分析です。この場合のオーディエンスとは提案相手のことです。提案相手に関する情報をできるだけ得ておく必要があります。例えば、先方の社内での役割や立ち位置、バックグラウンドなどは明らかにしておきたい情報です。前述のDMUマップがしっかり描かれているとよいですね。さらには、その人の情報レベルや知識レベルに合わせた提案書であることも重要です。技術的な知識のない方に技術専門用語をふんだんに用いた提案書では当然理解が進まないし、専門家にあまりに初歩的な説明からしていたのでは冗長な提案書になってしまいます。相手に合わせたレベルで提案書を作成することが求められます。

（3）訴求ポイント分析

　ここでは、提案書に盛り込まなければならない重要なポイント・アピールポイントを、ゴール設定やオーディエンス分析をもとに抽出します。この時に活用されるフレームワークとしてFABE分析を紹介しておきましょう。

（4）FABE分析

　FABE分析（ファベ分析）は、提案書を通じて訴求したいメッセージや提案コンセプト、アピールポイントなどを明らかにするフレームワークです。FABEとは、それぞれF（Feature＝概要）、A（Advantage＝優位性）、B（Benefit＝顧客便益）、E（Evidence＝証拠）を意味し、この枠組みを使って提案書に盛り込む重要な情報を抽出、整理します。

F Feature（概要）:本提案の概要説明（目的・施策など）

A Advantage（優位性）:独自性、本提案のウリ

B Benefit（顧客便益）:顧客の得られるメリット

E Evidence（証拠）:客観情報（データ・実績等）で裏付ける

1）概要（Feature）

　概要（Feature）としては、ひとことで提案のおおまかな概要が理解できるようにコンパクトな説明が望まれます。目的、方針、施策概要をできるだけ簡潔に（理想的にはワンセンテン

スで）描くことがコツです。ここでは顧客の理解を促す説明を目指したいので、長々と説明しているようではインパクトをもって相手に伝わりません。

2）優位性（Advantage）

優位性（Advantage）は競合（提案）に対する優位性です。「競合に対する」ですから、競合相手を明らかにする必要があります。前述のとおり、戦うべき競合が変われば強みも変わります。Featureでの概要説明では提案内容の理解はできますが、まだ勝てる提案にはなっていません。自社ならではのユニークな優位性をしっかり示して勝てる提案に仕上げましょう。さらに、なぜそれは自社にしかできないのか？という根拠が示せれば完璧です。

なお、ここでもできるだけコンパクトにまとめることが求められます。自社独自の提案のウリを三点ぐらいで箇条書きにするとよいでしょう。たったひとつの優位性で勝てる提案を作ることはなかなか難しいし、だからといって優位性を10個も列挙したところですべてを顧客の心に刻み付けることは難しいものです。一般に3ポイント訴求というのはインパクトを持って記憶に残せる訴求手段です。

3）顧客便益（Benefit）

顧客便益（Benefit）は顧客の得られるメリットです。ベネ

フィットは、意外と提案書において抜けがちなポイントです。たとえば、「世界最小」これは顧客のメリットではありません。世界最小だと、顧客は何がうれしいのでしょうか。「ズボンのポケットに入っていつでもどこにでも持ち歩けます」であればどうでしょう。これは顧客便益を表現していそうです。「1000曲をポケットに」というのは、スティーブ・ジョブズがiPod発売時のプレゼンテーションで使ったフレーズとして有名です。

　ソリューション仮説の項でも触れましたが、法人向け提案、B to B商材の場合はベネフィットをできるだけ数値化したいところです。法人企業の意思決定は、経済合理性を重視します。経済合理性は、数字で判断されるものです。　たとえば、「ソリューションAを導入することによって、○○の効率が○％上がる。それにより、利益が○○万円上がる」というように、顧客の売上・利益増加やコスト削減効果を数値で示すことが訴求力につながるのです。

4）証拠（Evidence）

　証拠（Evidence）は、客観的な事実情報（データ、実績など）による裏づけです。競合に対する優位性や顧客が得られるメリットを根拠づけに利用します。例えば、「大学教授の推薦（権威者の評価）」「研究機関による科学的な実験データ」などは証拠となり得るでしょう。

そうはいっても、現実には大学や研究機関の情報が示せる商材は多くありません。実際によく使われる証拠は、導入事例です。「大手企業500社の導入実績」などを具体的な著名企業の社名入りで紹介できれば信頼感を得られそうです。できれば実際に導入した担当者の声、その成果としての効果データなどを示せれば、強く説得力を持った提案となるでしょう。

(図) オペラマスターの事例

概要　Feature	優位性　Advantage
病院向けに手術用具（医療材料）一式をキットとしてまとめて納品、回収致します。	このキットを導入することで手術前後の手間を削減することができます。

顧客便益　Benefit	証拠　Evidence
稼働率の向上による手術数増、その他、人件費低減、サービス品質の向上が実現、病院収益の改善に役立ちます。	導入している○×病院での導入実績をまとめたデータがございますのでご覧ください。

２．シナリオ設計

（１）提案シナリオのパターン

コンセプトが固まってきたら、全体のストーリーをどのよう

な順序で組み立てるか検討します。大抵の提案書の構成は、プロローグ＋ボディ（本編）＋エピローグという三部構成です。提案書作成にあたっては、つい本編の作り込みに集中しがちですが、プロローグやエピローグは想像以上に顧客のマインドに影響を与えます。その効果をしっかりと考えて、設計したいところです。

1）プロローグの設計

　プロローグは提案書冒頭のオープニングのパートです。皆さんは提案書の冒頭部分をどのような内容でスタートしていますか？一般に冒頭の「つかみ」はとても重要であると言われているし、それは理解されていることでしょう。しかし、実際のところ、唐突に本編に入ってしまう提案書を作成していませんか？現実には様々なプロローグが考えられるので唯一の正解はありませんが、ここで比較的汎用的に使えるパターンとして2つの目的を意識することをお勧めします。それは、「期待の醸成」と「理解の促進」です。

期待の醸成 ✛ 理解の促進

① 期待の醸成（ワクワクするビジョンを示す）

　ひとつめは顧客の「期待を醸成すること」を目指してみましょう。これから始まるソリューション提案に対して、冒頭で「面白そうだ」、「期待できそうだ」と直感的に思ってもらうことが重要であることは言うまでもありません。そのためにはどのような冒頭部分を描けばよいでしょうか？そもそもニーズは受け手の目的にあります。つまり、受け手の関心事は将来の目指すべき姿、なりたい姿にあるはずですよね。つまり、プロローグでは「ワクワクするようなビジョンやゴールイメージ」を描くことによって顧客の気持ちを惹きつけます。

　例えば、営業向けのタブレット端末を提案するプロローグとして、

　今回の提案は、御社の営業パーソンが、お客様から「どうしてもあなたから買いたい」と思っていただける最強の営業集団となることを目指しています。
　業界随一の情報提案力を武器にトップシェアを目指しましょう。

といったプロローグのイメージです。

　提案書で良くみられる構成は、現状の問題点分析から入り、それをもとに提案を展開するシナリオです。分析→結論という自然な思考の流れではあるのですが、分析の説明は受け手の関心を惹きつけるチカラは弱いと言わざるを得ません。例えば、冒頭で

> 　御社の営業上の問題点を分析した結果、「営業パーソンの提案力が低い」ということが大きな問題であることがわかりました。

と指摘されたらどう感じますか？それが事実だとしても受け手としてのテンションは下がりますよね。それよりも、前述のとおり、

> 　今回の提案は、御社の営業パーソンが、お客様から「どうしてもあなたから買いたい」と思っていただける最強の営業集団となることを目指しています。
> 　業界随一の情報提案力を武器にトップシェアを目指しましょう。

といった導入で始まり、受け手のテンションを高め、

145

> しかし、そのためにはひとつ課題があります。経験の浅い若手からベテランまで、営業パーソン一人ひとりの情報武装を徹底的に高める必要があります。そのためには、、、

と続けていくのです。こんなシナリオで熱く語りかけられたら、「よし、やってみよう」という気になりませんか？

② 冒頭で理解を促す

もうひとつのプロローグのパターンとしては、これから説明をするソリューション内容について、冒頭でできるだけ全体を理解してもらうやり方です。魅力的な提案書の最大の条件はシンプルでわかりやすい提案書です。それを実現する方法として、ここでは２つのスタイルをご紹介します。

③ ＜その１＞Answer 1st

ビジネスコミュニケーションの鉄則として、「まず結論から入れ」とはよく耳にするところです。提案書も同じです。そもそもなぜ結論から話をすることが望ましいのでしょうか？それはまさにこの理解を促すことが目的なのです。

よく見られるシナリオ構成として、現状分析をした上で、そこから見出される結論を説明するというスタイルがあります。これを受け手の立場に立って考えてみましょう。

　御社の業績分析した結果をご説明します。残念ながら、現在の御社の業績は決して順調とは言えません。グラフにあるように､､､､

　その業績低迷の大きな要因を分析すると、主力事業であるA事業部の不振に大きな問題点がありそうです。このA事業部の事業環境を分析すると､､､､

　最も大きな問題としては、既存顧客のリピート率が下がっている点にあると拝察いたします。商品別に業績分析をすると､､､､

　こんな感じで長々と説明から入っていたのでは、受け手として結論のわからないまま「だから何なんだ？」「はやくソリューションを教えてくれ」とストレスのかかる状態となってしまいます。さらに結論の見えない状態で説明が続けば、受け手は退屈し、提案書の先をめくって結論を探しに行ってしまうと言うこともよくある話です。

　ようやく結論としての提案が出たところで、「なーるほど、そういうことね。」と思ってくれるかもしれませんが、「あ、でもそれならもう一度さっきの分析を聞きたいなぁ」などとこれまでの説明が徒労に終わってしまうかもしれませんね。

では、Answer 1stのシナリオで描くとどうなるでしょうか？

我々は営業パーソンの情報提案力を徹底強化するために、タブレット端末の導入を提案します。

おもしろそうだね。でも、なぜそれが効果的なのかな？

まだ十分な納得感は得られていないかもしれませんが、冒頭で結論の理解が進み、興味関心を持っていただける可能性が高まります。

その背景をご説明します。まず御社の営業現場の実態を見ると、営業経験の浅い若手が増えており、、、

タブレットは、若手の情報武装を目的としているんだね。なるほど。

冒頭の疑問に答えながら、納得感を醸成していきます。

また、セールスの声から、業務効率を上げるために商談間の空き時間に業務処理したいという声も出ています。

タブレットは業務効率向上にも効果的なんだな

どうでしょうか？先に結論がみえているだけで、顧客の理解はスムーズに進み、顧客のストレスはグッと軽減されます。

④ ＜その２＞アウトライン提示

　Answer 1stのバリエーションともいえる手法にアウトライン提示があります。これは提案内容がトータルソリューション化されたものの場合、まずプロローグでソリューションの全体構成（アウトライン）を示す提案書パターンです。アウトラインを示すことで顧客は提案内容が理解でき、その後の詳細説明の理解が容易になります。

　例えば、

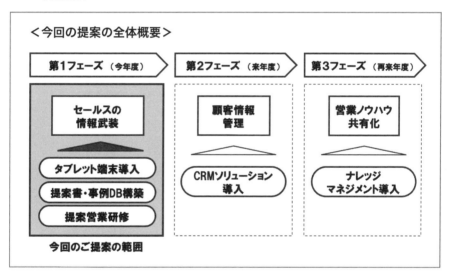

こんなかたちでアウトラインを示しておけば、３か年の全体の構想、そして第１フェーズにあたる今年度の位置づけ、さらに今年度の３つの取り組みが一覧して把握できます。

アウトライン提示は、冒頭だけに限りません。例えば、自社商材の特徴を紹介するパートで、「弊社のタブレット端末の特徴は３つあります」と示し、「まずコンパクト設計、次に省エネ設計、そして最後にカスタマイズサービスです」とこれから説明する３つの内容を紹介し、その後ひとつひとつを詳細説明するのです。そうすると、顧客の頭の中に３つの整理ボックスを準備して、これから始まる説明に備えてくれます。そこで「一つ目の特徴である"コンパクト設計"について説明します」とはじまり、そこで説明された情報は一つ目のボックスに収納してくれるでしょう。同様に、二つ目、三つ目と説明がなされるたびに、受け手は説明を受けながら情報を整理してくれるわけです。このような情報の受け止め方を通じて、受け手の理解は容易になり、ストレスのない理解が促されていきます。

2）ボディの構成のしかた

　ボディの構成には、大まかに三通りのシナリオ―結論を冒頭に述べるPREP法、複合型提案に向いたSDS法、分析型のDESC法―があります。

① 基本モデル「PREP法」

　PREP法は、主張と根拠の関係をベースとしたシナリオです。受け手に納得感を与えるためには明確な根拠に基づいた提案であることが重要です。DESC法（後述）が自然な思考プロ

セスに則ったシナリオ（順置法）であるのに対し、PREP法は
まず結論から述べる倒置法をとっています。この場合、プロ
ローグでビジョンやゴールを示して、続いて冒頭結論を述べる
と自然な流れになりそうです。

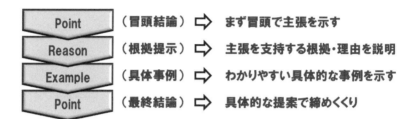

・Point（冒頭結論）

　まず冒頭で本プレゼンの結論である主張や提案をストレート
に説明します。Answer 1stの原則に則った導入で、受け手の
理解を促します。

・Reason（根拠）

　その提案が効果的であることを説明する根拠や理由を論理的
に説明します。ここがしっかり描けていると説得力が高まり、
受け手の納得感を醸成します。

・Example（事例）

　過去の成功事例、自社の導入実績など、わかりやすい具体的
な例を示しましょう。これにより、受け手は理解が進み、さら

に説得力を強化できるでしょう。

・Point（最終結論）

　そして最後のエピローグで締めくくります。

■ PREP法事例

プロローグ		圧倒的なお客様からの信頼をかち取る最強の営業集団を目指します
+		
ボディ	Point	そのためにタブレット端末の導入を提案します
	Reason	7割の営業パーソンが経験3年未満の若手で、提案ノウハウ、情報力が不足している
	Example	同様の成功事例を紹介すると、、、
+		
エピローグ	Point	コンペ勝率60％が目標!具体的導入計画は、、、

② 複合型提案「SDS法」

　SDS法は、提案がいくつかの要素で構成している場合に有効なシナリオです。最初に提案の全体概要を説明し、全体像を理解してもらいます。次にその構成要素を一つずつ詳細説明していき、最後にまた全体像で締めくくるという流れです。

・Summary（全体概要説明）

　提案の全体像、それがどのような要素によって構成されているかを大まかに説明します。これで提案の全体概要を把握してもらえるはずです。

・Detail（詳細説明）

　その構成要素一つひとつを順に取り上げ、個々に詳細な説明をします。ひとつずつきめ細かな内容まで詳細の理解を促していきます。

・Summary（全体締めくくり）

　また、全体像に戻り、他のシナリオ同様、最後のエピローグで締めくくります。

■SDS法事例

プロローグ		圧倒的なお客様からの信頼をかち取る最強の営業集団を目指します
+		
ボディ	Summary	今回提案する営業パーソン支援策は①タブレット端末導入、②提案書・事例DB構築、③提案営業研修によって構成
	Detail	① タブレット端末導入について詳細 ② 提案書・事例DB構築の詳細 ③ 提案営業研修の詳細
+		
エピローグ	Summary	コンペ勝率60%が目標!具体的導入計画は、、、

③　分析型シナリオ「DESC法」

　DESC法とは、Describe（客観描写）→Explain（詳細説明）
→Suggest（具体提案）→Consequence（結果目標）という流
れで構成されます。このシナリオは、プロローグをしっかり設
計しておかないといきなり詳細分析が続くので提案書としては
単調になりがちです。しかし、顧客の関心が現状分析や問題分
析にある場合、有効なシナリオです。要するに顧客の関心事を
前半パートに持ってくるというのが提案書の鉄則と言えるかも
しれません。

Describe	（客観描写）	⇨	大まかな分析、問題提起などで導入
Explain	（詳細説明）	⇨	詳細分析を通じて課題の特定など
Suggest	（具体提案）	⇨	課題解決に向けた具体的提案
Consequence	（結果目標）	⇨	目標などを示して締めくくり

・Describe（客観描写）

　まず、冒頭で大まかな現状分析を行い、問題発見、問題提起などを行います。

・Explain（詳細説明）

　徐々に詳細な分析に入っていき、解決すべき課題の特定などにつなげます。要するにこのDescribeとExplainの部分が提案につながる分析のパートです。

・Suggest（具体提案）

　その分析を通じて見えてきた課題を目的として、その解決を図るための具体的な対策をここで説明します。ここが提案のメインメッセージですね。

・Consequence（結果目標）

　最後に締めくくりです。一般にここでは取り組みの目標設定、具体的な実行計画などを示すのと良いでしょう。ここがエピローグのパートとなります。詳細は後ほど説明しますね。

■DESC法事例

プロローグ		圧倒的なお客様からの信頼をかち取る最強の営業集団を目指します
+		
ボディ	Describe	現在、案件の大半は提案コンペとなっており、コンペでの勝率は50％
	Explain	敗因は商談プロセスでの情報提供力、特に若手セールス（営業パーソンアンケートより）
	Suggest	そこで情報提案力強化のための３つのソリューションを提案します
+		
エピローグ	Consequence	コンペ勝率60％が目標！具体的導入計画は､､､

3）エピローグの設計

　エピローグも様々なパターンがありますが、以下4つのパターンがよく用いられています。

① 結論の繰り返し

最も重要なメッセージである結論（課題やソリューション）を再び強調し、印象強化を図る

② 提案シナリオ全体像

顧客は、課題設定からソリューションまでの提案シナリオの全体像を振り返り、頭の中を整理できる

③ 結果目標

顧客にとっての導入メリットが明確化され、ソリューション提案の魅力を確信してもらう

④ 導入計画

ソリューション導入にあたり、具体的に採るべき行動やスケジュールが示され、具現化を感じてもらう

①　結論の繰り返し

　最も重要なメッセージを繰り返し、印象強化を図る締めくくりです。提案書の結論ですから、ここでは提案のキモとなる課題設定やソリューションを再度示してエピローグとするパターンです。

②　提案シナリオ全体像

　提案に至るシナリオ、つまり課題設定からソリューションに至るまでの流れをざっと一覧し説明することによって、顧客の頭を整理して、理解を深めてもらうパターンです。

③ 結果目標

　結果とは、顧客のソリューション導入メリットです。FABE分析のBenefitにて描かれているはずです。それを示すことでソリューション採用の魅力を確信させる効果が期待できます。

④ 導入計画

　実際に導入決定した場合の具体的な採るべき行動、スケジュールを示します。それによって導入のイメージを持ってもらい、具現化のリアリティ感を感じてもらいます。

　もちろんこれ以外のエピローグもありますが、まず代表的なこの4パターンを理解して、提案のゴール、内容などを勘案して適切なエピローグを選択するとよいでしょう。

（2）提案書の構成要素

　一般に提案書の構成要素としては以下の内容が考えられます。これらはこれまでの分析で取り組んでいるはずですが、それを提案書のパーツとして整理しておきましょう。

1）AsIs：現状実態

　現状分析では現状を客観的に把握しますが、真の目的は解決すべき課題の抽出にあります。このAsIsでは、現状の全体を

俯瞰してメインニーズを特定すること、そしてその達成に向けて発生している問題を明らかにしましょう。

2）ToBe: 目指すべきゴール

　目指すべきゴールイメージをできるだけ具体的に描きます。特に、AsIs（現状）に対して、何をどのように変えるべきか？を明確にしたいところです。しかし、最終的ゴールの実現には中長期的な取り組みが必要な場合は、そのプロセスをいくつかのフェーズに分けて取り組む必要があるかもしれません。第1フェーズとして今年度はここまで、第2フェーズとして来年度はここまで実現して、最終フェーズとして3年後にこんな姿を目指すといった具合です。

3）Needs：ギャップ特定

　企業のなかには様々な問題（AsIs と ToBe のギャップ）が山積しており、変革しなければならないポイントはたくさんあります。しかし、そのなかで優先順位を付けてメスを入れるべきポイントを特定しましょう。ここでは顧客サイドのリソース（予算や人材など）の制約を考えて、実現可能なゴールを目指して変革ポイントを設定しましょう。

4）Feature：ソリューション全体像

　ここではソリューションの全体像の概要説明をします。トー

タルソリューション化がなされている場合、その具体的なソリューションはいくつかのツールや取り組みの組み合わせになっているはずです。その全体像とそれぞれの位置づけなどをできるだけ一覧できる状態で顧客に示しておきたいところです。

5）Solution：個別詳細説明

そして、ソリューション全体像をブレイクダウンして、個別のソリューションについて詳細を説明します。ここでは一つひとつのソリューションの機能や取り組みなどをできるだけ具体的に説明しましょう。

6）Advantage：提案の訴求ポイント

ここで自社ならではの独自性、優位性をとりまとめておきます。勝つための提案をするための訴求ポイントですから、インパクトあるユニークさをアピールしたいところです。FABE分析でもご説明したように一般に3ポイント訴求でまとめることが多いでしょう。

7）Benefit：成果目標、KPI

ソリューション導入のメリットを感じてもらうためにも、できれば定量的な成果を見せておきたいところです。とはいえ、正確な成果を示すことは難しいし、その結果に責任を持つこと

もできないことが多いでしょう。前提や効果などはある程度仮定をおいて、あくまで成果目標という形で設定してみてはいかがでしょうか？

8）Evidence：実証データ、導入実績

　FABE分析で考えた証拠（Evidence）を提案書用にドキュメント化しておきましょう。過去の他クライアントにおける導入成功事例はできるだけ実名で紹介できるようにしておきたいところです。したがって、あらかじめ成功事例は実名公開の許諾をいただいて、レポート化しておきましょう。取り組みの背景、ソリューション内容、成果、担当者の声などをまとめておくと説得材料となります。

9）ActionPlan：作業内容、スケジュール、体制、費用など

　最後に必要な項目を整理しておきます。作業内容やスケジュールを整理してアクションプランとしておくと具体的な取り組みがイメージできるし、その具現化の可能性を感じることができます。また、体制については、特に顧客サイドにどのような体制を組んでもらう必要があるかを示しておきます。もちろん見積もりも必要です。しかし、まだ提案の初期段階の場合、あくまで概算見積りとなるかもしれません。それでもザクッと費用イメージを伝えておくことは重要です。

（3）ソリューション提案例

　最後に、提案イメージを示しておきます。前述の基本構成要素9つをすべて使ってシナリオを作ると次の流れで構成された提案書ができあがります。

① 目指すべきゴール	② ソリューション概要	③現状認識
最終的に目指すべきゴールイメージを明確化する	提供するソリューションの全体像を示す	客観事実をもとに現状実態を明らかにし、提案の背景説明、問題提起を行う
④課題設定	⑤ 詳細説明	⑥ 提案の特徴
具体的な問題点を洗い出し、解決すべき課題を特定する	ソリューションの個別詳細を説明する	自社ならではの提案の独自性、優位性を訴求する
⑦ 成果目標	⑧ エビデンス	⑨ 実施計画
最終的に得られる成果を目標として示す（できれば定量目標）	提案の信頼性を高める情報を添付する（ex.実証データ、導入実績等）	具体的な作業内容、スケジュール、体制、費用などを示す

① 　目指すべきゴール

　これはプロローグで目指すべきゴールを持ってくるパターンです。最初にビジョンを示して顧客の関心を引き付ける効果を狙っています。

② ソリューション概要

まずAnswer 1stのセオリーに則って結論－提案するソリューションの全体像－を示します。時間軸として中長期的な取り組みが必要なら戦略シナリオも示すとよいでしょう。このパートはFABE分析のFeatureでもあり、⑤と合わせてSDS法のSummeryでもあります。

③ 現状認識

①で示したゴールに対する現状を説明します。様々な問題点が現場に内包されていることを示し、問題意識を喚起しましょう。

④ 課題設定

③で示した問題点のうち、まず解決しなければならない課題を示します。何をどのように変えなければならないのか？できるだけ具体的に表しておきたいところです。③と④でReasonを示すことになります。

⑤ 詳細説明

前②のソリューション概要を受けて、Detailの説明パートとなります。ソリューションひとつひとつを詳細説明します。機能、取り組みなどできるだけ具体的に解説することが必要となります。②ではSummeryを示し、⑤でDetailを説明し、最後

にもう一度ソリューション全体像（Summery）を示すとSDS法が完成します。

⑥　提案の特徴

わが社あるいは本ソリューションの特徴、他社にはない独自性、優位性をしっかりアピールしましょう。FABE分析のAdvantageのパートに相当します。三つのポイント程度でまとめておくと効果的です。

⑦　成果目標

できればソリューション導入結果として、どのような成果が期待できるのか？を目標として設定しておくと魅力的な提案となります。要するにFABE分析のBenefitの内容です。成果を確実に約束することは難しいでしょうから、あくまで目標として示します。

⑧　エビデンス

ここで客観事実を示すことで説得力を強化します。FABE分析のEvidenceですね。できれば実名入り、導入成果、担当者インタビューなどを交えた導入事例などがあると強力なエビデンスとなります。

⑨　導入・実施計画

　最後にエピローグとして、具体的な導入・実施計画を示します。スケジュールや役割分担などを描くことでプロジェクトのイメージが明確化し、実現可能性を予感させます。

おわりに

　本書では、ソリューション提案の一連のアプローチを5ステップで示しました。ワークシートなども添付して、できるだけ具体的な作業イメージまでお伝えしたつもりです。まずこの一連のアプローチを理解、習得いただければ幸いです。そして、是非一度皆さんのお客様を実際に題材として取り上げ、ニーズ分析から順に着手してみてください。

　そうするとワークシートなどはみなさんの業務や商材に合わせて改善点が見えてくるかもしれません。どんどんオリジナルのワークシート、作業アプローチを考案していくと良いと思います。お客様のことを100％知り抜くということは想像以上に奥深いものですが、それができれば確実に顧客満足と競争優位を構築できるものと確信しています。

　この取り組みが皆さんのビジネスの成果につながることを大いに期待しております。

株式会社シナプス

代表取締役　家弓正彦

〈著者〉

家弓正彦

株式会社シナプス代表取締役 1959年生まれ。1982年松下電器産業株式会社入社。FA関連機器のマーケティング業務を担当し、市場調査、商品企画、広告宣伝、販売促進など広くマーケティング実務現場を経験。その後、三和総合研究所にて経営コンサルティングに従事。1997年、シナプス設立。2001年に「マーケティング・カレッジ」を立ち上げ、広くビジネスパーソン教育に取り組む。経営コンサルタントとしては、これまでベンチャーから一部上場企業まで400社を超える 企業に経営戦略、マーケティングを中心とした経営提言、指導を行う。講師としては、企業からの社内研修を中心に、中央大学非常勤講師、グロービス経営大学 院教授、SMBCコンサルティング講師、日経ビジネススクール講師、日経BPセミナー講師など、豊富な教職経験を有する。これまで約4万人のビジネスマンに教育を施し、論理性 と実践性を兼ね備えたインタラクティブな講義には定評がある。著書・監修・寄稿として、「「知る」と「できる」は大違い！マーケティングの本質を極める3ステップ(窓社)」、「資料作成から発表までたったの4STEPでこんなに通る！プレゼン(明日香出版社)」、「広告ビジネス戦略(誠文堂新光社)」、「ブランディング戦略(誠文堂新光社)」、「広報・PR戦略(誠文堂新光社)」、「最新マーケティングの教科書(日経BPムック)」、「事業計画書の書き方(日本能率協会)」、その他寄稿実績多数。

ニーズの種を育てるヒアリング・課題解決の教科書

2020年4月7日　初版第一刷発行

著　者　　家 弓 正 彦

発行者　　中 野 進 介

発行所　　株式会社 ビジネス教育出版社

〒102-0074　東京都千代田区九段南4−7−13
TEL 03(3221)5361　FAX 03(3222)7878
E-mail ▶ info@bks.co.jp　URL ▶ https://www.bks.co.jp

印刷・製本／萩原印刷株式会社
ブックカバーデザイン／飯田理湖　本文デザイン・DTP ／春日友美

乱調・落丁はお取替えします。

ISBN978-4-8283-0828-9